Osc Nordqvist

Die Calaniden Finnlands

Osc Nordqvist

Die Calaniden Finnlands

ISBN/EAN: 9783743312623

Hergestellt in Europa, USA, Kanada, Australien, Japan

Cover: Foto ©ninafisch / pixelio.de

Manufactured and distributed by brebook publishing software
(www.brebook.com)

Osc Nordqvist

Die Calaniden Finnlands

DIE CALANIDEN FINLANDS

VON

OSC. NORDQVIST.

ABDRUCK AUS „BIDRAG TILL KÄNNEDOM AF FINLANDS NATUR OCH FOLK", HEFT 47.

Calaniden Finlands

von

Osc. Nordqvist.

„Erweitert man den Umfang eines Art-
begriffes, indem man nachweist, dass Thiere
eines neuen, mit eigenthümlichen physikali-
schen Eigenschaften ausgestatteten Fundortes
nur Varietäten bereits bekannter Formen sind,
so wird man den Ursachen der Entstehung
und Ausbildung lokaler Varietäten näher geführt, während die vorschnelle Erhebung lokaler Varietäten zu neuen Arten von der Er-
kennung dieser Ursachen ableitet". (Möbius
Die wirbellosen Thiere der Ostsee).

Helsingfors,
Druckerei der Finnischen Litteratur-Gesellschaft,
1888.

Während die Vertebraten und Insekten Finlands sehr fleissig studirt worden sind, hat man bei uns die übrigen Thierklassen fast gar nicht berücksichtigt. Seit einigen Jahren mit dem Studium unserer Crustacéen beschäftigt, ist es meine Absicht zu versuchen die Lücke bezüglich dieser Thierklasse nach Vermögen einigermassen auszufüllen.

Hiermit wird ein Theil meiner Untersuchungen, derjenige den ich über die Calaniden angestellt habe, überliefert. Es war meine Absicht alle unsere freilebenden Copepoden zu bearbeiten, aber die kurze Zeit, die mir zu Gebote stand, hat es nothwendig gemacht mich auf eine einzige Familie zu beschränken. Dass ich gerade diese Familie gewählt habe, beruht darauf, dass sie eine von den interessantesten unter allen bei uns vorkommenden Crustacéen ist.

Ihre meisten Arten leben wie bekannt im Meere, wo sie öfters in grossen Massen vorkommen, und in der Ostsee ist es fast ausschliesslich diese Familie, welche die grossen Wasseröden bevölkert. Ausser denselben leben nämlich in der pelagischen Region der mittleren und nördlichen Ostsee in einer beträchtlichen Menge nur drei Cladoceren (*Podon minutus* G. O. Sars, *Ecadne Nordmanni* Lovén und *Bosmina* sp.) und einige Räderthierchen. Die Skandinavischen Landseen bergen eine ziemlich grosse Anzahl von Calaniden-Arten. Von denselben kommen einige wie *Limnocalanus macrurus, Diaptomus gracilis* und *Hete-rocope appendiculata* in enormen Massen vor. Die Cala-niden spielen also die grösste Rolle unter allen unseren sowohl Landsee- wie Meeresthieren als Vertilger der klei-neren mikroskopischen Thiere und als Nahrung der Fische (die Heringe und „Muikka" *(Coregonus albula)* leben fast ausschliesslich von solchen).

Wie hieraus ersichtlich ist, kann diese Familie ein grösseres Interesse als irgend eine andere Gruppe der bei uns vorkommenden Crustacéen beanspruchen. Die wissen-schaftlichen Aufgaben, welche ich zu beantworten versucht habe, sind weiter unten angeführt. Hier will ich nur einige Worte über den Plan dieser Arbeit sagen.

Für den wissenschaftlichen Zweck wäre es vielleicht genug gewesen von den Beschreibungen nur das mitzu-theilen, was ich von dem vorher bekannten abweichend gefunden habe. Da aber bis jetzt keine einzige Beschrei-bung über die in Finland lebenden Crustacéen vorhanden war, so hatte ich ausser dem rein wissenschaftlichen Zweck noch einen zweiten, nämlich den Versuch eine Arbeit, nach welcher man unsere Arten leicht bestimmen könnte, zu liefern.

Darum habe ich in den Beschreibungen wie in den Abbildungen hauptsächlich die am meisten characteristi-schen Merkmale dargestellt.

Der erste Forscher, der bei uns seine Aufmerksam-
keit den Crustacéen zugewandt hat, ist J. A. Malmgren.
Er hat in mehreren von den grösseren Seen Finlands.
wie Pyhäselkä, Pyhäjärvi, Höytiäinen, Ladoga, Rehja und
Uleåträsk draggirt und das Vorkommen der interessanten
Meerescrustacéen *Mysis oculata v. relicta* Lovén, *Pallasea
cancelloides v. quadrispinosa* (Esmark) G. O. S., *Gammaracanthus loricatus v. lacustris* G. O. S., *Pontoporeia femorata*, Kröyer, daselbst zum erstenmale nachgewiesen [1]).
Malmgren hat sich jedoch nur mit den Malakostraken beschäftigt.

In A. H. Cajanders Aufsatz „Bidrag till kännedomen
om sydvestra Finlands crustacéer" [2]), welches nach dem
Tode des Verfassers gedruckt wurde, finden wir zum
erstenmale einige Copepoden aus Finland angeführt. Da
der Verfasser aber seine Hauptaufmerksamkeit den Cladoceren zuwandte, hat er die Copepoden sehr wenig beach-
tet. Die ganze Anzahl von diesen beträgt darum auch
nur fünf Arten. Diese sind: *Cyclops quadricornis* Linn..

---

[1]) A. J. Malmgren, Kritisk öfversigt af Finlands Fisk Fauna.
Helsingfors 1863. Sid. IX.

Sv. Lovén.   Till frågan om Ishafs faunans fordna ut-
sträckning öfver en del af Nordens fast-
land. (Öfv. K. Vet. Akad. Förhandl. 1862).

„   „   Om Östersjön. (Förhandlingar vid de Skan-
dinaviske Naturforskarenes 9:de möte i
Stockholm 1863. Stockholm 1863).

[2]) Notiser ur Sällskapet pro Fauna et Flora fennica förhandlingar X. 1869.

Diaptomus castor Jurine, *Canthocamptus minutus* Müll., *Temora velox* Lilljb. und *Tachidius brevicornis* Müll. Von diesen ist die erste eine kollectiv-Art, welche mehrere verschiedene Arten umfasst. Es ist also unmöglich zu sagen, welche von diesen der Verfasser vor sich gehabt hat. *Diaptomus castor* kommt vielleicht bei uns vor, obwohl ich dieselbe nie gesehen habe, aber muss doch in Landseen viel seltener sein als *D. gracilis*. Es ist also fraglich, ob Cajander wirklich *Diaptomus castor* oder *Diaptomus gracilis* vor sich gehabt hat. Wie wir nunmehr wissen, hat Lilljeborg unter dem Namen *Temora velox* zwei verschiedene aber nahestehende Arten mit einander verwechselt, so dass er das Männchen der einen und das Weibchen der andern Art beschrieben hat. Diese drei Arten sind also fast unmöglich zu identificieren.

Seit dem Erscheinen von Cajanders Verzeichniss war eine Reihe von Jahren verflossen ohne dass irgend eine Arbeit über unsere Crustacéen erschien, bis ich im Jahre 1884 eine kleine Notiz über neue Fundörter und die Lebensverhältnisse der relicten Malakostraken veröffentlichte [1]. Im Jahre 1886 wurde meine „Bidrag till kännedomen om crustacéefaunan i nagra af mellersta Finlands sjöar" [2] gedruckt, welche sich doch lediglich mit den pelagischen Formen einiger grösseren Seen nämlich Kallavesi, Maaningajärvi, Päijänne und Pielisjärvi beschäftigte. In dieser Arbeit wurden folgende Calaniden besprochen: *Diaptomus gracilis* G. o. S., *Diaptomus laticeps* G. O. S., *Heterocope appendiculata* G. O. S., *H. saliens* Lilljeb. und *Limnocalanus macrurus* G. O. Sars. Von diesen muss

---

[1] Nordqvist, Om förekomsten af Ishafscrustacéer i nagra af mellersta Finlands sjöar. (Medd. af Soc. pro Fauna et Flora fennica, 11. 1884.

[2] Acta Societatis pro Fauna et Flora fennica T. III, N:o 2.

aber *Diaptomus laticeps* ausgehen, da die Anführung desselben auf fehlerhafter Bestimmung beruht. Im nächstfolgenden Jahre veröffentlichte ich eine Abhandlung über die Crustacéfauna des Ladoga [1] auf Grund da gemachter Untersuchungen im Sommer 1885. Von Calaniden habe ich im Ladoga *Limnocalanus macrurus*, *Temorella intermedia* mihi (= *T. lacustris* Poppe). *Diaptomus gracilis* und *Heterocope appendiculata* gefunden. In demselben Jahre wurde auch mein Aufsatz über die pelagische und Tiefsee Fauna der grösseren finnischen Seen [2] gedruckt. Darin wurde auch theilweise der Resultate meiner Untersuchung einer Reihe im nördlichen Finland liegender Seen erwähnung gethan. Von Calaniden habe ich doch zu den früher von mir aufgezählten Arten durch diese Arbeit keine neue hinzugefügt [3].

Dieses ist alles was über die Calaniden Finlands erschienen ist. Wie hieraus ersichtlich, fehlte uns eine systematische Bearbeitung von Finlands Crustacéen.

Meine erste Aufgabe war darum die Calaniden-Fauna Finlands festzustellen. **Ich hatte also zu erforschen, welche Arten in unseren Meeren und süssen Gewässern leben, und ihre Verbreitung daselbst zu bestimmen.** Dieses einfache Feststellen der vorkommenden Arten war besonders für unsere Meere von grossem Interesse, da die Lebensbedingungen hier durch den geringen Salzgehalt des Wassers und die klimatischen Verhältnisse — Eisbedeckung im Winter, in den weniger tiefen Meerestheilen ziemlich hohe

---

[1] Nordqvist. Bidrag till kännedomen om Ladoga sjös crustacéfauna. (Medd. af Soc. pro Fauna et Flora fennica, 14. 1887.

[2] Zoologischer Anzeiger 1887 N:o 254 und 255.

[3] Der daselbst erwähnte *Diaptomus laticeps* ist nur eine Form vog D. nracilis mit kürzeren Antennen. Siehe unter *Diaptomus gracilis*.

Sommertemperatur, in den grossen Tiefen eine niedrige Temperatur das ganze Jahr hindurch — sehr eigenartig sein müssen, also nur für eine geringe Anzahl von Arten geeignet. **Dann galt es den Ursprung der verschiedenen Elemente dieser Fauna wo möglich zu verfolgen.** Wie bekannt sind die Meinungen über den Ursprung der Ost-see-Fauna noch streitig. Alle stimmen wohl doch darin überein, dass der grösste Theil (der Meeresformen) dieser Fauna aus der Nordsee stammt. Aber ausser dieser Nord-see Arten finden sich hier noch einige Meeresarten, welche in der Nordsee nicht vorkommen. Von diesen behaupten einige Forscher (Lovén, Malmgren, Möbius u. a.), dass sie in ihren gegenwärtigen Fundorten Überbleibsel aus einer Zeit sind, wo die Ostsee ein Meerbusen des Eismee-res gewesen wäre, während andere, die wie Fr. Schmidt, O. Grimm es für wahrscheinlicher halten, dass die Ostsee ein Landsee war, annehmen dass die genannten Arten durch Flüsse oder anders wie activ oder passiv dahin eigewandert sind.

Ein eingehendes Studium der Calaniden-Fauna unse-rer Meere könnte wahrscheinlich auch einige Aufschlüsse zur Beantwortung dieser Fragen geben.

Wie bekannt sind die Calaniden hauptsächlich Meeres-bewohner. Sehr bemerkenswerth ist daher, dass gerade solche Theile der Erde, welche nach geologischen und an-deren Merkmalen während des posttertiären Zeitalters unter dem Meere versenkt waren, einige Calaniden in ihren Süssgewässern bergen, welche in anderen Theilen fehlen. Wie soll man sich dieses und überhaupt das An-passen der Calaniden an das Leben im Süsswasser denken?

Einige Forscher (Pavesi, Imhof, Zacharias) haben in der letzten Zeit behauptet, dass die eupelagische Fauna

der Landseen eine Relictenfauna wäre. Zu dieser Fauna
wären dann alle unsere Süsswassercalaniden, nämlich *Diaptomus gracilis, Heterocope appendiculata, H. saliens, Temorella lacustris* und *Limnocalanus macrurus* zu zählen.
Die Zahl der Relictenformen wäre dadurch sehr erweitert.
Dies würde aber seinerseits eine beträchtliche Erweiterung
des ehemaligen Meeres, von welchem die Relictenseen
Reste sind, fordern. Eine gründliche Prüfung was als
Relictenform anzusehen ist, und was nicht, dürfte also
sehr wichtig sein.

Kehren wir nun wieder zu den Meeresformen zurück.
Die äusseren Lebensbedingungen können ausser einem
Einfluss auf die Verbreitung der Thiere auch ihre Organisation beeinflussen. Mögen diese Einflüsse direkt oder
indirekt durch Selection wirken, **so ist es immer nothwendig erst festzustellen, ob irgend welche Veränderungen
in der Organisation parallel mit den veränderten äusseren
Verhältnissen nachweisbar sind, und wenn so ist, welche
die Veränderungen sind.** Bei der allmählichen Verminde-
rung des Salzgehaltes des Wassers von Süden nach Norden bietet die Ostsee und der bottnische Meerbusen eine
günstige Gelegenheit solche Untersuchungen anzustellen.

Über die Verbreitung der Calaniden in der nördlichen Ostsee.

In Cajanders Verzeichniss über die im südwestlichen
Finland vorkommenden Crustacéen [1] ist nur ein Meeres-
Calanid nämlich *Temora velox* Lillj. angeführt (in den Skä-
ren von Åbo und Åland), unter welchem Namen er wahr-

---

[1] Cajander. Bidrag etc. p. 376.

scheinlich die in diesen Gegenden häufige von mir als *Temorella affinis v. hirundoides* bezeichnete Form meint. M. Braun [1]) hat auch eine Art hinzugefügt, nämlich *Dias discaudatus* Giesbrecht (Revaler Rhede). In dem verzeichniss seiner Crustacéen-Sammlung auf der Fischerei-Ausstellung in London 1883 hat Lilljeborg eine ziemlich grosse Anzahl von Calaniden aus der Ostsee aufgezählt. Da er aber für die meisten von denselben keinen bestimmteren Fundort als „Baltic Sea" angiebt, können von diesen hier nur *Temorella affinis v. baltica* Lillj. [2]) (von Dalarö bei Stockholm) und *Temorella hirundo* Giesbr. („Baltic Sea, Golf of Bottnia"), von welchen also gesagt ist, dass sie in der nördlichen Ostsee gefunden worden sind, mitgerechnet werden.

Im Jahre 1886 hat J. de Guerne einen Calaniden *Centropages Grimaldii* aus dem finnischen Meerbusen beschrieben. Derselbe ist aber identisch mit dem schon früher von G. O. Sars in den Landseen Norwegens gefundenen *Limnocalanus macrurus*, was ich schon in meiner Crustacéfauna des Ladoga Sees angegeben habe. In einem anderen von Poucher und de Guerne geschriebenen Aufsatze wird *Temora velox* Lillj. (wahrscheinlich = *Temorella affinis var. hirundoides* m.) aus der nördlichen Ostsee erwähnt.

Bis jetzt war also nur *Temorella affinis var. baltica*, *T. hirundo*, *Limnocalanus macrurus* und *Dias discaudatus* [3]) aus der nördlichen Ostsee bekannt. Hierzu kann ich folgende Formen hinzufügen. nämlich, *Centropages hamatus*, *Temora longicornis*, *Temorella affinis v. hirundoides* und *v. hispida*,

---

[1]) M. Braun, Physikal. und biol. Unters., p. 98.
[2]) Ohne Beschreibung.
[3]) Von diesen habe ich *Temorella hirundo* und *Dias discaudatus* nicht gefunden.

T. Clausii, Clausia elongata, Dias bifilosus und *Dias longiremis.* Die Gesammten Zahl von den gegenwärtig aus der nördlichen Ostsee bekannten Calaniden-Arten wäre also zehn.

Wenn man dieses Verzeichniss mit dem von Giesbrecht über die Calaniden der Kieler Foehrde vergleicht, so findet man, dass kein einziger der letzteren in der nördlichen Ostsee fehlt. Es sind aber doch noch zwei Arten aus der Ostsee bekannt nämlich *Paracalanus parvus* (Claus.) nach Lilljeborg [1] aus „Baltic Sea" ohne näher angegebenen Fundort und nach Möbius [2] dieselbe Art und *Calanus finmarchicus* Gunn. aus der Kieler Foehrde. Dieses Verhalten ist sehr merkwürdig, wenn man den grossen Unterschied im Salzgehalt des Wassers, dem wichtigsten Moment bezüglig der Verbreitung von Meeresthieren, ins Auge fasst. Der Salzgehalt des Wassers ist nämlich in der Kieler Foehrde an der Oberfläche 1,60 % und am Boden 2,06 %, zwischen den Skären östlich von Åland variirt derselbe zwischen 0,721 am Boden und 0,576 % an der Oberfläche. In diesem Meere kommen noch alle die genannten Arten mit Ausnahme von *Dias discaudatus,* welche ich selbst nie bei uns gefunden habe, vor. Dies scheint aber für die meisten derselben der niedrigsteerträgliche Salzgehalt des Wassers zu sein. In diesen Skären liegt nämlich die Nordgrenze von *Centropages hamatus, Temora longicornis, Clausia elongata* und *Dias longiremis.* Dagegen habe ich *Dias bifilosus* bei Töjby (62 ⁰ 36′ N, 21 ⁰ 5′ E. Gr.) gefunden, wo der Salzgehalt des Wassers nur 0,524 % war.

---

[1] Lilljeborg, W., Collection of chiefly fresh-water Crustacea from Sweden. p. 8.

[2] Möbius, Nachtrag zu dem in Jahre 1883 erschienen Verzeichniss der Wirbellosen Thiere der Ostsee. (1884).

Weiter nördlich kommen nur die *Temorella*-Arten und *Limnocalanus* vor. Diese gehen aber bis zum nördlichsten Ende des bottnischen Meerbusens hinauf, wo das Bodenwasser kaum 0,3 % Salz hält, das Oberflächenwasser z. B. bei Malörn (nicht weit von Torneå) nur 0,15 %. Wenn man also *Limnocalanus macrurus*, und die Gattung *Temorella*, welche theilweise auch im Süsswasser leben, ausnimmt, so fordern alle übrigen hier angeführten Arten Wasser von wenigstens 0,5 % Salzgehalt.

Über den Ursprung der Calaniden Fauna der Ostsee.

Woher sind die in der Ostsee lebenden Calaniden dahin gekommen? Darauf hat schon Griesbrecht in seinem wichtigen Werke über die Copepoden der Kieler Foehrde, in Übereinstimmung mit Möbius geantwortet, dass die Ostseefauna ein verarmter Zweig der Nordsee-Fauna ist [1]). Die einzigen von den von Giesbrecht angeführten Calaniden welche in der Nordsee nicht gefunden worden sind, sind *Temorella hirundo* und *Dias discaudatus*. Jener steht aber der an den Nordsee-küsten von Poppe beschriebenen *Temorella affinis* sehr nahe, und stammt darum vielleicht auch ursprünglich aus der Nord-see. Von diesem Meere, kann man auch annehmen dass *Temorella affinis v. hirundoides*, welche sich von der Stammform in derselben Richtung aber nicht so viel wie *T. hirundo* verändert haben, und die Varietät *hispida* wie auch *T. Clausii* in die Ostsee gekommen sind. — Es bleiben

---

[1]) Giesbrecht (l. c. p. 92) und Nachtrag pp. 167 und 168.

noch *Dias discaudatus* und *Limnocalanus macrurus* übrig, welche in der Nordsee nicht gefunden worden sind. Was *Dias discaudatus* anlangt, so ist es nicht unmöglich, dass derselbe in der Nordsee noch gefunden wird. Dagegen ist es höchst unwahrscheinlich, dass eine so characteristische Form wie *Limnocalanus* unbemerkt geblieben wäre. Man muss also annehmen entweder dass dieselbe sich in der Ostsee oder den Landseen gebildet hat oder auch dass sie wie die übrigen Relictenformen ein Überbleibsel der Eismeer-Fauna ist. Gegen die erste Annahme spricht aber der Umstand, dass diese Art auch in den Landseen von Nord-Amerika vorkommt. Es ist daher viel wahrscheinlicher, dass sie sowohl in die Nord-Amerikanischen wie Skandinavischen Seen aus dem Eismeere gekommen sei. Da aber der Umstand, dass die Eier nicht von dem Weibchen herumgetragen werden, sondern, nach dem Austreten bald auf den Boden sinken, den passiven Transport durch Vögel sehr unwarscheinlich macht, so bleibt es nur übrig dieselbe als eine Relicteform anzusehen. Einen weiteren Beleg für diese Ansicht findet man auch darin, dass *Limnocalanus* nie in grösserer Meereshöhe als die übrigen Relictenformen angetroffen wird.

Über den Einfluss der äusseren Existenzbedingungen auf den Körper der Calaniden.

Wie in der Einleitung schon gesagt wurde, ist es eine bekannte Thatsache, dass die äusseren Existenzbedingungen nicht nur eine auswählende sondern auch eine auf die Körpergrösse und den Bau der Thiere verändernde Thätigheit ausüben. Was speciell die Relictenformen der Ostsee anbelangt, so hat schon Lovén in seinen Arbeiten über die Relictenfauna nachgewiesen, dass dieselben verkümmert sind. So erreichen z. B. *Idotea ento-man* und *Pontoporeia femorata* in der Ostsee nie dieselbe Grösse wie im Eismeere. Was die Fische betrifft hat Malmgren [1]) gezeigt, dass die in dem nördlichen Theile der Ostsee heimischen Arten, welche auch im Eismeere vorkommen, ihren Urältern im Eismeere in allen Theilen gleichen, aber kleiner sind.

Man könnte vielleicht hieraus schliessen, dass nur die relicten Arten der Ostsee verkümmert sind, und dass dieses nicht den aus der Nordsee einigewanderten Formen, gilt. So ist es theilweise auch wirklich der Fall, aber nur wenn es sich um Wanderthiere wie z. B. Wanderfische handelt. Solche Arten wie *Cottus bubalis, Spinachia vulgaris, Gobius niger, Rhombus maximus, Ammodytes lanceolatus* und *Belone vulgaris* sind wohl bei uns in grossen Exemplaren gefangen worden, aber sie sind hier mehr zufällige Gäste. Stationäre Arten aber, welche hier schon ganz heimisch geworden sind — wenn auch ursprünglich aus der Nordsee eingewandert — sind gewöhnlich verkümmert. Besonders für die Mollusken ist eine solche Verkümmerung von Westen nach Osten und von Süden nach Norden nachgewiesen [2]) worden.

Für die Crustacéen und speciell für die Calaniden sind die Aufgaben über die Verkümmerung aber sehr spärlich. Von den Calaniden ist — so viel ich weiss — nur *Temora longiremis* der Kieler Foehrde als eine forma

---

[1]) Malmgren. Kritisk öfversigt af Finlands Fiskfauna. Helsingfors 1863, p. VIII u. IX.

[2]) Vrgl. Möbius, Die wirbellosen Thiere der Ostsee, p. 138 und M. Braun, Physik. und. biolog. Untersuchungen im westl. Theile des finn. Meeresbusens, p. 129.

depauperata erwähnt worden. Möbius [1] sagt nämlich, dass sie in der letzgenannten Foehrde nur die Hälfte der Länge derjenigen von Arendal erreicht.

In der nachstehenden Tabelle habe ich die von mir gemessene Länge der in der nördlichen Ostsee lebenden Calaniden mit den Grössenangaben, welche Giesbrecht [2] für dieselben Arten aus der Kieler Foehrde, Poppe [3] aus dem Jadebusen und Claus [4] aus der Nordsee gemacht haben, zusammengestellt. Da der Jadebusen mit der Nordsee übereinstimmt, habe ich beide in der Tabelle unter die Rubrik Nordsee zusammengefasst.

Grösse der Calaniden in der nördlichen Ostsee, Kieler Foehrde und Nordsee [5].

		Nördl. Ostsee.	Kieler Foehrde.	Nordsee.
		m. m.	m. m.	m. m.
Dias bifilosus	♀	0,83	1,05	} 1,25
::	♂	0,84	1,0	
longiremis	♀	0,94	1,0	—
::	♂	0,69	0,9	—
Temora longicornis	♀	0,90	1,4	1,5
:: ::	♂	0,06	1,4	1,3
Temorella affinis	♀	0,98 6)	—	1,5
:: ::	♂	1,02 6)	—	1,5
„ Clausii	♀	1,3	—	1,5
:: „	♂	1,3—1,4	—	1,3
Centropages hamatus	♀	0,91	1,45	1,6
:: „	♂	1,02	1,3	1,6

[1] Möbius, Die wirbellosen Thiere der Ostsee, p. 138.
[2] Giesbrecht, l. c.
[3] Poppe, l. c.
[4] Claus, l. c. p. 193.
[5] Meine Zahlenangaben über die Grösse der Calaniden aus der nördlichen Ostsee sind Mittelwerthe aus mehreren Messungen.
[6] *T. affinis v. hirundoides.*

Aus dieser Tabelle ersieht man, dass alle Arten, mit Ausnahme von der im brakischen und süssen Wasser lebenden *Temorella Clausii,* am grössten in der Nordsee sind, etwas kleiner in der Kieler Foehrde und am kleinsten in der nördlichen Ostsee.

Giesbrecht [1]) hat die Vermuthung geäussert, dass die als verschiedene Arten beschriebenen, an den Küsten der Nordsee und Ostsee lebenden *Temorella*-Formen nur durch den verschiedenen Salzgehalt des Wassers entstandene Varietäten derselben Species wären, hat aber selbst diese Vermuthung widerlegt. Dass *Temorella affinis* und *Temorella Clausii* „gute Arten" sind scheint mir auch ziemlich sicher erwiesen zu sein. Dagegen glaube ich, dass die Verkümmerung von *T. affinis* wie auch der übrigen genannten Meeres-Calaniden in der Ostsee durch die veränderten äusseren Verhältnisse — hauptsächlich den geringeren Salzgehalt des Wassers — verursacht sind.

Diese Vermuthung scheint durch folgende Äusserung Giesbrechts widerlegt zu sein: „— — und ferner lehrte mich die Vergleichung des von Herrn Poppe mir übersandten Materials, dass auch die Thiere von *affinis,* waren sie nun in Salzwasser des Jadebusens, in der Ems bei Petkum, in der Weser bei Waddewarden oder in der Elbe bei Altona gefunden, keine merklichen Abweichungen aufweisen" [2]). Das keine Rassen Unterschiede zwischen den im Salzwasser des Jadebusens und der Nordsee einerseits und im brakischen oder süssen Wasser der obengenannten Flussmündungen lebenden Thiere andererseits existiert, beruht wohl darauf, dass alle diese Orte sehr nahe bei einander stehen, so dass stets neue Individuen

---

[1]) Giesbrecht, l. c. p. 155.
[2]) Giesbrecht, l. c. p. 156.

aus dem Meere eindringen oder durch die Fluthwelle ein-
geführt werden, und die Entstehung einer eigenen Süss-
oder Brackwasser-Varietät somit in den genannten Flussmündungen, deren Areal im Verhältniss zu dem der Nordsee sehr klein ist, verhindert wird. Dieser Umstand konnte
aber nicht die Entstehung von Varietäten in der Ostsee
verhindern. Der weite Abstand und die engen Verbin-
dungen wirken isolierend, so dass eine Vermischung nur indirekt durch die Thiere des Sundes und der Belten statt-
finden kann. So ist nach meiner Ansicht die Bildung
der kleinen Ostsee-Varietäten möglich geworden.

Kehren wir nun zu der Tabelle zurück. Dieselbe
zeigt ausser der allgemeinen Verkümmerung der Arten
gegen die inneren Theile der Ostsee noch eine andere sehr
merkwürdige Thatsache, nämlich, dass die Verkümmerung
bei den Weibchen stärker gewesen ist als bei den Männchen, so dass die Männchen, welche gewöhnlich kleiner
sind als die Weibchen, in der nördlichen Ostsee im Ge-
gentheil grösser sind [1]).

Ausser diesen Veränderungen, welche fast sämmt-
lichen Arten gelten, sind die einzelnen Arten nicht selten
in irgend einer Weise verändert. So sind z. B. die vorderen Antennen bei *Dias bifilosus* häufig länger als der
Cephalothorax, was sonst nicht der Fall ist, die Furca ist
bei *Temorella affinis* und *Dias bifilosus* verhältnissmässig
länger und schmäler, bei *Centropages hamatus* kürzer.

Schliesslich kann man sagen, dass die in der nördlichen Ostsee lebenden Calaniden sehr variabel sind, sowohl in ihrer Grösse und in den Proportionen der einzelnen Theile wie auch nicht selten in der Behaarung und

---

[1]) Eine Ausnahme macht nur *Dias longiremis*.

Bedornung. Ich glaube, dass die Bildung der Ostseevarietäten durch diese allgemeine grosse Variabilität sehr befördert wurde.

Wollen wir nun versuchen den Ursachen der Verkümmerung der Ostsee-Calaniden nachzuspüren. Von den äusseren Einflüssen, welche auf das Wachsthum hemmend wirken, hat man hauptsächlich niedrige Temperatur, mangelhafte Nahrung und für Meeresthiere ungenügenden Salzgehalt des Wassers hervorgehoben.

1) **Temperatur.** Die nördlichen Theile der Ostsee sind im Winter theilweise mit einer festen Eisdecke oder mit Treibeis bedeckt. Die Temperatur des Wassers muss dann sehr niedrig, höchstens einige Grade über 0 sein. Auch im Sommer ist die Temperatur des Wassers in den grossen Meerestiefen (100—300 m.) nur 2 bis 5 Grade C[1]). An der Oberfläche steigt die Temperatur während des Juli und Augusts im offenen Meere bis auf $11-16^0$ C. In flachen Meerbusen und am Ufer steigt die Temperatur bis auf $18-20^0$ C. und mehr.

Die mittlere Jahrestemperatur des Oberflächen-Wassers ist in dem nördlichen Theile der Ostsee etwa $4-5^0$ C., in dem südlichen Theile $8-10^0$ C. Dieser Unterschied ist zwar ziemlich gross, doch glaube ich nicht, dass die niedrige Temperatur, irgend eine Schuld an der Verkümmerung der Ostsee-Calaniden haben kann. Dies ersieht man aus den folgenden Thatsachen. In dem Kantalaks Meerbusen des Weissen Meeres habe ich *Dias bifilosus* massenhaft gefunden. Sie erreicht da eine Grösse von 1,07 mm.

---

[1]) Vrgl. Nordqvist, Iakttagelser öfver hafsvattnets salthalt och temperatur inom Finlands sydvestra skärgård och Bottniska viken, sommaren 1887 (Bidr. t. kännedom. af Finlands natur och folk. 46 H. Helsingfors 1888).

(♀ und ♂): wird also grösser als in der Kieler Foehrde, und doch muss die Temperatur im Weissen Meere bedeutend niedriger als die der Kieler Foehrde sein. Das reiche Thierleben in den arktischen Meeren, welches besonders von den zahlreichen unter Nordenskiölds Leitung unternommenen Expeditionen erwiesen wurde, zeigt auch, dass eine niedrige Temperatur auf die Entwickelung einer grossen Anzahl von Meeresthieren gar nicht hemmend einwirkt.

Der Temperaturwechsel, welcher unvortheilhaft einwirken könnte, ist auch in den tiefen nördlichen und mittleren Theilen der Ostsee geringer als im flachen westlichen Theile. Die Verkümmerungsursachen können also nicht in der Temperatur gesucht werden.

2) **Nahrung.** Da wir bis jetzt sehr wenig über die Nahrung der Calaniden wissen, kann dieses Moment gegenwärtig noch nicht als ein Bekanntes in Betracht genommen werden. Claus sagt wohl[1]: „Die Copepoden ernähren sich von thierischen Stoffen, entweder von Theilen abgestorbener grösserer Thiere, oder von kleineren Geschöpfen, *Infusorien, Rotiferen, Turbellarien*, welche sie sich zur Beute machen. Selbst ihre eigenen Larven und Nachkommen verschonen sie nicht, wovon man sich täglich am Darminhalt der Cyclopiden überzeugen kann. Pflanzliche Körper, Algen und Diatomacéen scheinen nur gelegentlich als Nahrung aufgenommen zu werden." Dies scheint mir aber nicht allgemein gültig zu sein. Ich will nur ein paar Beispiele anführen, welche dagegen sprechen. Während meiner Draggierungen auf dem Bottenmeere im Juli des vergangenen Jahres habe ich in der pelagischen Region ausser einigen wenigen Diatomacéen nur eine

---

[1] Claus, die freilebenden Copepod. p. 83.

enorme Menge von *Limnocalanus macrurus* gefunden. Die Diatomacéen waren also hier die einzige Nahrung. Ein zweites Beispiel. Den 7. Juli fischte ich mit dem Schwebnetze im Meere nicht weit von Dalsbruck. Das Netz brachte eine grosse Menge von *Dias bifilosus*, *Evadne Nordmanni*, Diatomacéen und Phycocromalgen wie auch einige wenige Individueen von *Temorella affinis* var. *hirundoides* und eine Rotatorie herauf. Die drei „Raubthiere" waren also auch hier fast ausschliesslich auf die Algen als Nahrung hingewiesen.

Hauptsächlich im Winter, wo man keine Rotatorien und Cladoceren findet, muss ihre Nahrung aus Diatomacéen und anderen Algen, die in allen Jahreszeiten vorkommen, bestehen. Wahrscheinlich ist mangelnde und ungenügende Nahrung eine der Verkümmerungsursachen.

3) **Salzgehalt des Wassers.** Karl Semper hat in seinem an Gedanken und Thatsachen so reichem Werke über „Die natürlichen Existenzbedingungen der Thiere" fast alles bis auf 1879 über den Einfluss des verschiedenen Prozentgehaltes salzigen Wassers auf die Thiere zusammengestellt und ist demnach zu der Schlussfolgerung gekommen, „dass Veränderungen im Salzgehalt des Wassers nicht bloss einen auswählenden Einfluss auf die ihnen ausgesetzten Thiere üben müssen, sondern auch mitunter eine bemerkenswerthe Umformung derselben bewirken"[1]. Obwohl direkte Experimente bis jetzt fehlen und es unbegreiflich ist, warum der Salzgehalt irgend einen Einfluss auf die Grösse und Form der Thiere ausübt, so scheint doch gerade der geringe Salzgehalt wahrscheinlich in Verbindung mit Nahrungsmangel die Hauptursache der Verkümmerung der Ostsee-Formen zu sein.

[1] Bd. I. p. 195.

Die Verbreitung der Calaniden in den Landseen Finlands[1].

Name des Sees.	Flächeninhalt in □km.	Länge in km.	Breite in km.	Meereshöhe in Met.	Grösste Tiefe in Met.	Limnocalanus macrurus.	Temorella lacustris.	Diaptomus gracilis.	Heterocope appendiculata.	Heterocope saliens.
Im südlichen Finland.										
1. Ladoga-See..	18,129	—	—	5	223	+	+	+	+	
2. Luujärvi (Kirchsp. Kyrkslätt)	—	—	—	—	—			+		
3. Lojo-See ...	110	—	—	31	59	+	+	+	+	
4. Suolijärvi (Kirchsp. Nurmijärvi)	—	—	—	—	—		+	+		
Im mittleren Finland zwischen Salpaus- und Suomenselkä.										
5. Päijänne ...	1,142	—	—	78	89	+	+	+	+	+
6. Kallavesi ...	1,000	—	—	82	51	+	+	+	+	+
7. Maaninganjärvi	—	15	2	82	46	+				
8. Keurusselkä .	159	—	—	100	12—13	+	+	+		
9. Lummene ..	—	—	—	110	—			+		
10. Välivesi	—	—	—	—	—			+	+?	
11. Ätsärinselkä .	—	35	3—4	155	14—15			+	+?	
Im nördlichen Finland.										
12. Majamalompolo (Ylitornio)	—	—	—	—	—			+	+	+?
13. Iso Lohijärvi „	—	—	—	—	—		+	+	+	
14. Pessalompolo „	—	—	—	—	—					
15. Miekojärvi . „	—	—	—	—	—			+		

[1] Das Material aus dem Lojo-See ist mir theilweise von Fräulein S. Granstedt und Herrn Stud. Ch. E. Boldt gütigst mit-

Name des Sees.	Flächeninhalt in □km.	Länge in km.	Breite in km.	Meereshöhe in Met.	Grösste Tiefe in Met.	Limnocalanus macrurus.	Temorella lacustris.	Diaptomus gracilis.	Heterocope appendiculata.	Heterocope saliens.
16. Pääjärvi	—	—	—	92	34	+	+	+		
17. Paanajärvi (Kuusamo)	—	22	1	112	89	+	+	+		
18. Ylikitkajärvi	219	—	—	207	29		+	+	+	
19. Kuusamojärvi „	—	—	—	224	7		+	+		
20. Muojärvi „	—	—	—	224	36		+	+		
21. Kiitämä „	—	—	—	—	4		+	+	+?	
22. Suininki „	—	—	—	—	25		+		+	
23. Saunajärvi „	—	—	—	—	—		+			
24. Pyhäjärvi „	—	—	—	252	32		+			
25. Rukajärvi „	—	—	—	—	8			+		
26. Tavajärvi „	—	—	—	260	7			+	+?	
27. Oijusluoma „	—	—	—	—	16			+		
28. Kurkijärvi „	—	—	—	292	18			+	+	
29. Teich auf Valtavaara „	—	—	—	430	—			+		

Aus der vorstehenden Tabelle ersieht man, dass *Limnocalanus macrurus* im südlichen und mittleren Finland nicht höher als 100 Met. über den Meeresspiegel, im nördlichen Finland bis zu 112 Met. hinauf geht. Diese Höhen sind aber gerade dieselben, bis zu welchen die von Lovén als *relicten* Formen erkannten *Mysis oculata v. relicta. Palasea cancelloides v. quadrispinosa, Gammaracanthus loricatus* und *Pontoporeia femorata* bei uns gehen. Im

getheilt, das aus den Seen Keurusselkä, Lummene, Välivesi und Ätsärinselkä von Herrn Dr. R. Hult und schliesslich die Sammlungen aus dem Majamalompolo, Iso Lohijärvi, Pessalompolo und Miekojärvi von Fräulein H. Hult. Den genannten Damen und Herren spreche ich hiermit meinen besten Dank aus.

nördlichen Finland sind diese sogar noch etwas höher gefunden worden, nämlich von Malmgren in dem 122 Met. hoch gelegenen Uleäträsk. Wenn man ferner bedenkt. dass *Limnócalanus* und die genannten relicten Formen fast dieselbe horizontale Verbreitung haben, und dass *Limno-calanus* mit der im Meere lebenden Gattung *Centropages* so nahe verwandt ist, dass ein hervorragender Forscher. de Guerne, denselben zu dieser Gattung geführt hat, so muss man zugeben, dass *Limnocalanus* mit demselben Recht wie *Mysis* etc. als eine relicte Form betrachtet werden kann. In zwei früher veröffentlichten Arbeiten habe ich diese Ansicht ausgesprochen. Zu demselben Schluss ist auch de Guerne[1]) und nach brieflicher Mittheilung Herr Professor Lilljeborg gekommen.

Temorella lacustris hat seine nächsten Verwandten in *Temorella affinis* und *Clausii*, zwischen welchen dieselbe in ihrer Organisation steht[2]), und welche Meeres- oder Brackwasserformen sind. Durch Poppes Untersuchungen ist es bekannt, dass *T. affinis* die norddeutschen Flüsse hinaufgewandert ist und sich das Leben im süssen Wasser angewöhnt hat. In den innersten Theilen des finni- schen und bottnischen Meerbusens, wo das Wasser schon fast süss ist kommen *T. affinis* und *Clausii* noch vor. Es muss für dieselben also leicht gewesen sein auch sich dem Leben in Landseen anzupassen, und eine solche für das Leben in Landseen angepasste Form hat sich in *T.*

---

[1]) Jules de Guerne. Sur les genres Ectinosoma Boeck et Po- don Lilljeborg, etc. (Extrait du Bull. de la Société zoologique de France 1887), p. 19.

[2]) Darum habe ich dieselbe in meinem „Bidrag till känne- domen om Ladoga-sjös crustacéfauna" unter dem Namen *T. in-termedia* beschrieben.

lacustris gebildet. Dass sie sogar in so hochgelegenen Seen wie Pyhäjärvi (252 M.), Muojärvi, Kuusamojärvi und Ylikitkajärvi (207 M.) angetroffen wird, kann wahrscheinlich nur durch passiven Transport erklärt werden, denn selbst die Lachse (Salmo salar) können nicht aus dem Weissen Meere durch die steilen Wasserfälle hinauf zu diesen Seen dringen.

Wahrscheinlich ist *T. lacustris* eine noch sehr junge Art. Dies wird durch ihr ziemlich beschränktes Verbreitungsgebiet und ihr sporadisches Vorkommen bewiesen.

Dagegen muss die Gattung *Diaptomus* die älteste unter den Süsswassercalaniden sein. Sie hat ein sehr grosses Verbreitungsgebiet und hat schon Zeit gehabt eine Menge von Arten zu erzeugen. Imhof[1]) hat vor kurzem die bis jetzt beschriebenen Formen zusammengestellt und gefunden, dass dieselben schon eine Zahl von 26 erreicht haben. Davon sind zwar einige wahrscheinlich als synonyme zu streichen. Dagegen hat seit dem Erscheinen von Imhofs Arbeit J. Richard[2]) zwei neue Arten aus Spanien *Diaptomus Roubaui* und *Wierzejskii* beschrieben. Bei uns in Finland hat *Diaptomus gracilis* fast jeden Landsee bevölkert und wurde von mir noch in dem Teiche auf Valtavaara (430 M.) in Kuusamo gefunden.

Die Gattung *Heterocope* ist wahrscheinlich auch eine alte Gattung. Ihr sporadisches Auftreten in Mittel-Europa wird dadurch erklärt, dass die Weibchen keine Eiersäckchen tragen, was den Transport erschwert. Von den bei

---

[1]) Imhof, Studien über die Fauna hochalpiner Seen ins besondere des Kantons Graubünden. (Separatabdruck aus dem Jahresbericht der Naturf. Gesellschaft Graubündens, Jahrg. XXX.), S. 137.

[2]) Extrait du Bulletin de la Société Zoologique de France, T. XIII., séance du 28 février 1888.

uns vorkommenden zwei Arten ist *H. appendiculata* sehr allgemein sowohl in grösseren wie in kleineren Seen bis zu einer Höhe von 292 M. (Kurkijärvi). *H. saliens* habe ich dagegen nur in Kallavesi und Päijänne gefunden.

26

Centropages hamatus, Lilljeborg.

Ichtyophorba hamata, Lilljeborg; De crustaceis etc., p. 185. 1853.

„ *angustata,* Claus, die frei lebenden Copepoden, p. 199. 1863.

Centropages hamatus, Boeck, Ofversigt af Norg. Cop., p. 244. 1864.

„ „ Giesbrecht. Copepod. d. Kieler Foehrde, p. 156.

„ „ Poppe. Copepod. d. Jadebusens, p. 187. 1885.

♀ **Grösse** 0,91 m. m.

Der Cephalothorax (Taf. 1, Fig. 1 u. 3) besteht aus sechs Segmenten, von denen das erste etwas weniger als die Hälfte des ganzen Cephalothorax ausmacht. Die Stirn endigt in zwei Spitzen; in der Mitte ist das erste Segment von einer Furche quergetheilt. Das letzte unsymmetrisch gebildete Segment endigt jederseits in einen Haken von denen der rechte grösser und nach aussen gerichtet ist [1]).

Das Abdomen (Taf. 1, Fig. 1 u. 3) besteht aus vier Segmenten, von welchen das erste das längste und etwas länger als die Furca ist. Das erste Segment ist mit kurzen Borsten oder Dornen besetzt, von denen beiderseits zwei

[1]) Die beiden von Giesbrecht erwähnten Nebenhäkchen auf dem rechten Haken habe ich ebensowenig wie Poppe finden können.

beisammenstehen und viel grösser als die übrigen sind. Besonders sind die zwei Dornen an der rechten Seite stark
entwickelt. Die Geschlechtsöffnung ist von einem grossen
Operculum bedekt. Die Furca ist kürzer als die zwei
vorhergehenden Segmenten zusammengenommen. Von
den Endborsten der Furca ist die zweitinnere, die längste,
ein wenig länger als das Abdomen.

Die vorderen Antennen, welche aus 24 Gliedern bestehen. sind länger als der ganze Körper und ziemlich
schlank. Am achten Gliede sitzt ein Dorn.

Die hinteren Antennen bestehen 1) aus einem zweigliedrigen Basale (Protopodit), dessen erstes Glied eine
Borste. das zweite zwei Borsten trägt: 2) einem zwei-
ästigen Hauptast (Endopodit). dessen erstes Glied mit
zwei Borsten versehen ist, das zweite mit 14 in zwei
Bündel vertheilten, und 3) einem längeren, aus 6 Gliedern
zusammengesetzten Nebenast (Exopodit). Von den Gliedern des Nebenastes trägt das erste zwei Borsten, die
vier folgenden je eine und das letzte Glied vier lange
Borsten.

Die Mandibeln bestehen aus der kräftigen Kaulade
(erstes Glied des Protopodits) und dem Palpus. Am Ende
ist jene verbreitert und in einer Reihe von Zähnchen aus-
gezackt. Das äusserste. von den übrigen etwas entfernte
Zähnchen ist grösser als diese. Nach innen endigt die
Zahnreihe mit einer kleinen Federborste. Der Palpus besteht aus einem grossen, mit drei kleinen Borsten ausgestatteten Basalgliede (zweites Glied des Protopodits),
einem zweigliedrigen und reichlich beborsteten Hauptast
(Endopodit) und einem viergliedrigen Nebenast (Exopodit). dessen drei proximale Glieder je eine Borste. das
vierte Glied zwei Borsten tragen.

Maxillen. Der Kautheil ist ziemlich gross, gerundet und mit zahlreichen, kurzen, theilweise gezähnten Borsten besetzt. Der Palpus ist in fünf Lappen getheilt, von welchen der äussere, proximale sehr breit und mit neun Federborsten besetzt ist. Die zwei inneren proximalen Lappen sind cylindrisch und tragen Borsten nur am Ende. Von den zwei distalen Lappen ist der innere zweigliedrig, beide sind mit vielen theilweise langen Federborsten besetzt.

Die vorderen Kieferfüsse sind sehr kräftig gebaut. Auf dem Hinterrande kann man eine undeutliche Eintheilung in drei Glieder erkennen. Der Vorderrand läuft in fünf mit Federborsten besetzten Warzen aus. Die am Ende des dritten Gliedes sitzenden Borsten sind besonders kräftig, lang, gebogen und mit starken Federn besetzt.

Die hinteren Kieferfüsse (Taf. I, Fig. 4) sind bedeutend länger als die vorderen und siebengliedrig. Das erste und zweite Glied sind beide fast gleich lang und von derselben Länge wie die fünf distalen Glieder zusammengenommen. Das erste Glied hat auf der Vorderseite drei Höcker, von denen der erste zwei, der zweite drei und der dritte vier Borsten trägt. Das zweite Glied trägt drei Borsten, das dritte vier und die drei folgenden Glieder je zwei Borsten auf der Vorderseite. Auf der Hinterseite des fünften Gliedes sitzt ausserdem noch eine Borste. Das kleine Endglied ist mit vier Borsten besetzt.

Die Schwimmfüsse der vier vorderen Paare bestehen aus einem zweigliedrigen Basale (Protopodit) und zwei dreigliedrigen Aesten (Endo- und Exopodit).

Die Füsse des fünften Paares (Taf. I, Fig. 8) sind wie die vorhergehenden zweiästig und jeder Ast dreigliedrig. Das zweite Glied des Aussenastes läuft nach innen in einen Haken aus.

♂ **Grösse** 1,02 m. m.

Der Cephalothorax (Taf. I. Fig. 2) besteht wie bei dem Weibchen aus 6 Segmenten. von denen das Kopfsegment in der Mitte eingeschnürt ist. Das 6. Segment trägt auch hier jederseits einen Haken. Diese sind aber hier weniger stark als bei dem Weibchen und gleich gross.

Das Abdomen (Taf. I. Fig. 5) besteht aus fünf Segmenten. Die Furca ist ebenso lang wie die zwei[1]) vorhergehenden Segmente zusammengenommen. Die Furcaäste werden gegen das hintere Ende etwas breiter. Die längste (zweitinnere) von den Endborsten ist fast gleich lang mit dem ganzen Abdomen.

Die vorderen Antennen. Die rechte 21-gliedrige Antenne ist zu einem Greifarm umgewandelt und hat eine Geniculation zwischen dem achtzehnten und neunzehnten Segmente. Die Biegmuskel durchsetzt die 13—18 Segmenten, welche aufgetrieben sind. Am zwölften und einundzwanzigsten Segmente sitzt ein Dorn. Die linke Antenne ist kürzer als die rechte und wie bei dem Weibchen gebaut.

Das fünfte Fusspaar (Taf. I. fig. 8 u. 7). Jeder Fuss besteht aus einem zweigliedrigen Stamme und zwei Aesten. Der Aussenast des rechten Fusses ist zu einer Zange umgewandelt. dadurch dass das zweite Glied nach innen in einen langen Haken ausläuft, gegen welchen das dritte auch gebogene Glied beweglich ist. Die Innenäste sind beide dreigliedrig und hauptsächlich wie bei den vier er-

---

[1]) Also kürzer als Giesbrecht und Poppe angeben.

sten Schwimmfusspaaren gebaut. Die zwei ersten ihrer
Glieder tragen je eine befiederte Borste, das Endglied
sechs. Der Aussenast des linken Fusses ist zweigliedrig,
das erste Glied trägt zwei Dornen[1]) das zweite drei.

Fundort und Fundzeit. Wurde während der ersten
Hälfte des Juli in den Skären östlich von Åland öfters,
aber immer nur in vereinzelten Individuen gefangen. Dabei waren die Männchen ungefähr 10 mal so zahlreich
wie die Weibchen.

---

[1]) Nach Poppe nur eine (l. c. p. 191 und Taf. V, Fig. 10).
Giesbrecht hat zwei gezeichnet (l. c. Taf. VIII, Fig. 38).

31

Limnocalanus macrurus G. V. Sars.

Limnocalanus macrurus, Sars, Öfversigt af de indenlandske Ferskvandscopepoder, S. 226.

Centropages Grimaldii, de Guerne, Description du Centropages Grimaldii.

♀ **Grösse** 2,2 mm. (Ladoga), 3,15 (Ålands Haf). **Die Körperform** ist langgestreckt aber kräftig. **Der Cephalothorax** (Taf. II, Fig. 1) besteht aus 6 Segmenten, von denen das erste gleichlang wie das zweite, dritte und vierte zusammengenommen ist. Jenes ist auf seiner Mitte eingeschnürt und endigt vorn in zwei nach unten und hinten gebogene Spitzen. Der einige feine Härchen tragende Hinterrand des letzten Segmentes ist, wenn von der Seite gesehen, gewöhnlich gerundet oder etwas eckig. Bei einigen wahrscheinlich älteren Individuen habe ich doch denselben in einen kurzen Wulst auslaufen sehen, welcher auf der einen Seite gewöhnlich stärker entwickelt war als auf der anderen. **Das Abdomen** (Taf. II, Fig. 1) besteht aus vier Segmenten. Die Furca ist gleichlang wie die zwei vorhergehenden Segmente zusammengenommen. Diese beiden sind fast von derselben Länge. Das erste Segment ist etwas länger. Die Breite der Furcaäeste verhält sich zur Länge wie 1 : 8,3. Der Hinterrand des zweiten Segmentes und die Furca sind mit kurzen Dornen von denen

die des erstgenannten gröber sind, besetzt. Von den Endborsten ist die zweitinnere die längste und ebenso lang
wie die drei letzten Abdominalsegmente zusammengenommen. Die erste und vierte Borste sind einander gleichlang und etwas länger als die Furca. Die Aussenborste
sitzt auf einem Fünftel der ganzen Furcalänge von der
Spitze. Die Innenborste auf der Rückenseite dicht an
der inneren Endborste.

Die vorderen Antennen (Taf. II, Fig. 4) sind 25-glie-
drig, von denen die zwei ersten am dicksten sind, die
folgenden bis zum achten werden allmählich verjüngt,
das neunte bis zum zwölften sind ungefähr von derselben
Dicke, die übrigen wieder etwas schmäler und bis zum
letzten sehr kleinen Segmente gleich dick. Die relative
Länge der Glieder kann durch folgende Zahlen ausgedrückt
werden:

I	II	III	IV	V	VI	VII
3	$4^1/_2$	$2^1/_2$	$2^1/_2$	$2^1/_2$	$2^1/_2$	$2^1/_2$

VIII	IX	X	XI	XII	XIII	XIV
$2^1/_2$	3	$3^1/_2$	$3^1/_2$	4	5	5

XV	XVI	XVII	XVIII	XIX	XX	XXI
6	6	6	6	6	5	$4^1/_2$

XXII	XXIII	XXIV	XXV
4	4	$3^1/_2$	1

Am achten und zwölften Segmente sitzt ein haken-
Dorn.[1]

[1] Die nahe Verwandtschaft zwischen den Gattungen *Centropages* und *Limnocalanus* wird u. a. auch von den Dornen an den
vorderen Antennen erwiesen. *Limnocalanus* hat diese Dornen in
beiden Geschlechtern, sowohl am achten als am zwölften Gliede.
Bei *Centropages hamatus* haben die Geschlechter sich so differen-
tiert, dass beim Weibchen ein Dorn nur am achten Gliede, beim
Männchen nur am zwölften vorhanden ist.

Mit Ausnahme des 6. Segments tragen alle auf der Vorderseite Borsten, einige auch blasse Kolben. Das 22 —24 Segment hat auch eine Borste am Hinterrande, das kleine Endglied einen Büschel von vier Borsten[1].

Die hinteren Antennen (Taf. I, Fig. 10) tragen auf einem zweigliedrigen Basalstücke, dessen erstes Glied eine Borste, das zweite zwei Borsten trägt, zwei Aeste. Der Hauptast ist zweigliedrig, der Nebenast siebengliedrig, das kurze dritte Glied ist aber mit dem vorhergehenden langen zweiten Gliede verwachsen, so dass die Sutur ziemlich undeutlich ist.

Die Mandibeln (Taf. III, Fig. 1). Die Kaulade hat eine Reihe von kleineren Zähnen und einen isoliert stehenden grossen hakenförmigen Zahn. Neben jener steht eine Reihe von Dornen, von denen die zwei innersten lang und befiedert sind. Der Palpus ist gross; sein Basale zeigt keine Einschnürungen; der Hauptast ist zwei- (oder vielleicht dreigliedrig), der Nebenast fünf- (oder sechs-gliedrig).

Die Maxillen (Taf. III, Fig. 2) bestehen aus dem Kautheile, welcher mit starken Hakenborsten besetzt ist. und aus dem Palpus, an welchem man fünf verschiedene Lappen unterscheiden kann.

Der erste Kieferfuss (Taf. II, Fig. 5) ist kurz und gedrungen, Ausserordentlich kräftig sind fünf auf den kurzen und undeutlichen Endsegmenten sitzende lange, hakenförmig gebogene und stumpfe Borsten.

Der zweite Kieferfuss (Taf. I, Fig. 9) ist sehr lang und besteht aus sieben Segmenten.

Die vier ersten Schwimmfusspaare (Taf. III, Fig. 3)

---

[1] Bei grossen Meeresexemplaren habe ich am Endgliede ausserdem eine blasse Kolbe gesehen.

3

haben einen zweigliedrigen Stamm und zwei dreigliedrige
Aeste. **Die Füsse des fünften Paares** (Taf. I, Fig. 11) bestehen wie die vorhergehenden Schwimmfüsse aus einem
zweigliedrigem Stamm und zwei dreigliedrigen Aesten.
Jedes von den drei Gliedern des Aussenastes trägt auf
seiner Aussenseite am distalen Ende einen starken Dorn,
das zweite ist nach innen in einen kräftig gebogenen Haken ausgezogen, das Endglied trägt an der Innenseite drei
und am Ende zwei Borsten. Das erste und zweite Glied
des Innenastes ist am Innenrande mit je einer Borste versehen, das Endglied ist an der Innenseite mit zwei, am
Ende mit zwei und an der Aussenseite mit zwei Borsten
besetzt.

♂ **Grösse** 2,07 (Ladoga), 2,78 (Ålands-Haf).

Das Abomen (Taf. II, Fig. 2) besteht aus sechs Segmenten. Die Furca ist ungefähr so lang wie die drei vorhergehenden Segmente zusammen. Nächst der Furca sind
das zweite und dritte Segment die längsten, das fünfte ist
das kürzeste. Das zweite, dritte und vierte Segment sind
am Hinterrande mit Dornen besetzt, die Furca mit Stachel-
haaren. Die Furcaborsten verhalten sich wie beim Weibchen.

Die rechte vordere Antenne (Taf. II, Fig. 3) des Männchens ist nur 22-gliedrig, da die 19—21 Segmente zu einem
und das 22. und 23. ebenfalls zu einem verschmolzen sind.
Das Gelenk liegt zwischen dem 18. und 19. Gliede. Die
Biegmuskel des letzteren entspringt am 13. Gliede. Die
Segmente, welche dieselbe durchsetzt, sind nur wenig
aufgetrieben. Die Zahl der blassen Kolben ist grösser
und die Borsten sind länger als beim Weibchen. Wie
bei diesem trägt das achte und zwölfte Glied auch bei
dem Männchen je einen Dorn.

Das fünfte Fusspaar (Taf. III, Fig. 4). Beide Füsse bestehen aus einem zweigliedrigen Basale, einem Aussen- und einem Innenast. Der Aussenast des rechten Fusses besteht aus zwei deutlichen und einem kleinen rudimentären Gliede. Das erste Glied ist cylindrisch und trägt aussen einen Dorn. Das zweitebesteht aus einem kurzen und breiten Proximaltheile, von dessen Innenrande ein langer fingerförmiger Auswuchs nach unten ragt. Diesem gegenüber ist nach der Aussenseite des breiten Proximaltheiles eine kleine Warze und das kleine rudimentäre Endglied, welches mit zwei Spitzen endigt[1] — Die zwei ersten Glieder des Innenastes des rechten Fusses tragen je eine Borste am Innenrande, das Endglied ist sowohl am Innnen- und Aussenrande, wie an der Spitze mit je zwei Borsten versehen. — Das erste Glied des Basales am linken Fuss hat am Innenrande eine kleine Warze. Das erste Glied des Aussenastes trägt am distalen Ende des Aussenrandes einen Dorn und einen kleinen abgerundeten Vorsprung. Das zweite lange Glied, welches aus dem Zusammenwachsen des zweiten und dritten Gliedes entstanden ist, ist auf der Aussenseite mit drei kürzeren und an der Spitze mit einem langen nach Aussen gebogenen Dorne bewaffnet.

Fundort. *Limnocalanus macrurus* ist von mir in folgenden Landseen gefunden worden: Ladoga, Suolijärvi, Lojo-See, Keurusselkä[2], Päijänne, Kallavesi, Maaningajärvi,

---

[1] Der fingerförmige Auswuchs des zweiten Gliedes ist wahrscheinlich mit dem langen Haken des zweiten Gliedes, das kleine rudimentäre Endglied mit dem beweglichen, auch hakenförmigen Endglied von *Centropages hamatus* homolog und vielleicht aus einer ähnlichen Greifzange entstanden.

[2] Die Sammlungen von Keurusselkä verdanke ich meinem Freunde Dr. R. Hult.

Pielisjärvi, Paanajärvi, Pääjärvi, Kuukaisjärvi, Mossanjärvi und Koutojärvi[1]). Von diesen Seen ist Paanajärvi der höchst gelegene (Meereshöhe 112 Meter). Im Finnischen Meerbusen wurde dieser Copepod zum ersten Male von Prinz Albert von Monaco gefunden und von J. de Guerne sehr ausführlich unter dem Namen *Centropages Grimaldii* beschrieben. Ich habe *Limnocalanus* im Finnischen Meerbusen bei Helsingfors, in den nördlichen Skären zwischen Åland und Finland, im Ålandshaf, im bottnischen See, wo derselbe weiter vom Lande fast allein angetroffen wurde, und im bottnischen Wik. In all den aufgezählten Seen kommen auch die bekannten *Relicten*-Arten vor. Diese sind auch in Uleåträsk (Meereshöhe 124 M.) gefunden worden. Darum ist es wahrscheinlich, dass auch *Limnocalanus* da lebt. Dagegen fehlt derselbe in allen höheren von mir untersuchten Seen. Auch fehlt er in flachen Seen. Ueberhaupt kann man sagen, dass *Limnocalanus* in Finland in allen mehr als 15—20 Meter tiefen Seen, welche im südlichen und mittleren Finland nicht höher als 100 Meter und im nördlichen Finland nicht über 125 Meter über dem Meeresspiegel gelegen sind, wahrscheinlich gewöhnlich und massenhaft vorkommt.

Verbreitung. In Schweden ist diese Art nur aus dem Mälarn (Lillj.) bekannt. Aus den hochgelegenen Seen in Ume-Lappmarken, welche Trybom untersucht hat, wird ihrer nicht erwähnt. In Norwegen kommt dieselbe nach G. O. Sars nur in den drei grossen Landseen Mjösen (Meereshöhe 121 Met.), Tyrifjord (Meereshöhe 63 Meter) und Storsjön in Odalen vor. Auch hier kommt sie nicht höher als in Finland vor.

[1]) Die vier letzteren im nördlichen russischen Karelen befindlich.

Aus Europa ist *Limnocalanus* ausser dem skandinavischen Faunagebiete nicht bekannt. Dagegen wird dieselbe von S. A. Forbes[1]) im Lake Michigan und Geneva Lake, Wisc. gefunden.

Fundzeit. *Limnocalanus* ist von mir zu allen Jahreszeiten gefunden, doch weniger zahlreich im Winter.

Bemerkung. Wie ich in meinen früheren Arbeiten über die Crustacéenfauna der finnischen Seen gezeigt habe, kommt *Limnocalanus* am Tage nur ausnahmsweise an der Oberfläche vor, und dann nur in vereinzelten Individuen. In Sordavala-Fjord des Ladoga-Sees, war diese Art am 25. Juni um 4--5 Uhr Nachm. ungefähr 12 Meter unter der Oberfläche am zahlreichsten. Von diesem Maximum nahm sie ziemlich gleichmässig nach oben und unten bis zum Boden ab, welcher in einer Tiefe von 25—26 Meter gelegen war. An der Oberfläche fehlte sie fast ganz, war aber ziemlich zahlreich schon 2 Meter unter der Oberfläche, wo sie fast in gleich grosser Menge wie 24 Met. unter der Oberfläche gefunden wurde. — Nach de Guerne[2]) wurde diese Art von Prinz Albert Grimaldi von Monaco im finnischen Meerbusen am 8. September 1884, 4 Uhr Nachm., an der Oberfläche im grellen Sonnenschein gefangen, aber nur in wenigen Exemplaren.[3])

---

[1]) Forbes, The lake as a Microcosm, p. (10).
[2]) De Guerne, *Centropages Grimaldii*, p. 10.
[3]) De Guerne, Sur les genres *Ectinosoma* Boeck et *Podon* Lillj., p. 19.

Clausia elongata, Boeck.

Clausia elongata, Oversigt over de ved Norges Kyster
iakttagne Copepoder, p. 10, 1864.

Lucullus acuspes, Giesbrecht, coped. d. Kieler Foehrde,
p. 160, 1881.

Von dieser Art habe ich kein einziges ausgewachse-
nes Individuum gefunden, warum ich mich dahin beschränken muss ein Abbildung (Taf. III, Fig. 5) von dem jungen
Thiere zu geben und nach Giesbrecht die Hauptmerk-
male anzuführen.

„Grösse: ♀ 1,5 m. m., ♂ 1,25 m. m."

„Körperform. Das Oval des Vorderkörpers ist besonders beim
♀ sehr regelmässig, bei ♂ erinnert die Form des Vorderleibes
durch durch die starke laterale Ausladung der Seitenränder des
Kopfes mehr an *Centropages*".

„Vorderkörper. Die Zahl der völlig freien Brustringe ist in
beiden Geschlechtera auf drei reducirt; denn auch beim ♂ hat eine
Verschmelzung der beiden letzten Ringe statt gefunden, obwohl
hier das fünfte Fusspaar wohl entwickelt ist. Die Stirn ist breit,
vorne rund und trägt an der ventralen Seite zwei nicht sehr lange
Spitzen in beiden Geschlechtern; ausschliesslich im männlichen
dagegen stehen auf der dorsalen Seite der Stirn, und zwar etwa
da, wo ihre Profilcontur sich abwärts wendet, vier kurze, nackte,
starre Spitzen".

„Hinterlieb. Her Hinterlieb des ♂ ist vollzählig gegliedert
und besteht aus sechs Segmenten; doch ist, wie bei *Dias* das vierte,
so hier das fünfte Segment ganz verkürzt; das zweite bis vierte
Segment sind weit in einander geschoben; ihre Längen verhalten
sich etwa wie 7 : 5 : 4. Die Furkalglieder sino kurz, nich ganz

doppelt so lang als breit. Das weibliche Abdomen besteht aus fünf Segmenten; das Genitalsegment ist den zwei ersten Segmenten des ♂ homolog. Das birnförmige Genitalsegment ist das längste, und die drei folgenden werden der Reihe nach kürzer; doch ist das vorletzte Segment, obwohl auch hier das kürzeste, lange nicht in dem Grade verkürzt wie beim ♂. Die Furkalglieder des ♀ sind etwas schlanker als beim ♂. Die Anhänge der Furca sind in beiden Geschlechtern gleich gebildet; die vier befiederten Endborsten von gewöhnlicher Form; die längste ist kaum so lang als das Abdomen. Die äussere Randborste ist dicht an's Ende gerückt und ganz winzig; eine dorsale Furkalborste, die bei den vorher beschriebenen *Calaniden* regelmässig auftritt und bei *Dias* sehr stark ausgebildet, ist, fehlt hier völlig; dagegen findet sich auf der Bauchseise, dich am Innenrande, eine düne gebogene Borste".

„Vordere Antennen. Beim ♀ 24-, beim ♂ 19-gliedrig. Die weiblichen Antennen reichen angelegt beinahe bis zum Ende der Furca; sie sind in ihrem ganzen Verlauf etwa gleich breit, nur am Grunde etwas verbreitert; die Segmentation ist überall deutlich bis auf die zwischen dem ersten und zweiten Segment. Characteristisch für die Antenne ist die Verlängerung des achten Gliedes auf Kosten des neunten und zehnten und der Borstenbesatz. Die Borsten sind im ganzen sehr kurz, nur an einzelnen Segmenten sitzen constant merklich längere Borsten an, nämlich am dritten, siebenten achten, dreizehnten. siebenzehnten, zwanzigsten und den drei letzten Segmenten".

„Ein sehr characteristisches Ansehen hat die männliche Antenne im ganzen und Einzelnen. An das aufgetriebene, aus zwei Segmenten verschmolzene Basale setzt sich einem Bogen, den die folgenden fünf kürzern Segmente bilden, die immer geradlinig gestreckte distale Hälfte der antennen an, das ♂ pflegt die Antennen so zu halten. dass diese Hälfte mit der Längsaxe des Körpers etwa einen halben Rechten bildet. Das VII Segment ist lang und ist dem achten bis elften des ♀ homolog; die noch folgenden Segmente gleichen ungefähr denem beim ♀, doch zeigt sich noch eine Abweichung darin, dass das neunzehnte und zwanzigste Segment zum XV verschmolzen sind. Die Borsten sind kürzer als beim Weibchen, mit Ausnahme der am II Segmente; die Borsten an den Segmenten II, IX, XIII, XV die (den obengenannten des ♀ homolog sind, sind auch hier länger als die andern. Den wichtigsten Unterschied von den weiblichen Antennen haben wir aber in den blassen Schläuchen, die den proximalen Theil der männlichen Antenne bekränzen. Diese Schläuche sind ziemlich dick und lang und nach der Ventralseite des Thieres hin übergebogen. Das erste Segment trägt deren vier, die folgenden fünf abwechselnd zwei und einen, das lange siebente Segment einen kürzern Schlauch, und schliesslich sitzt noch einer am Ende der letzten Segmentes an".

"**Schwimmfüsse. Erstes bis viertes Paar.** Ausser der bedeutend gestreckteren Form der männlichen Schwimmfüsse und der theilweisen Verkümmerung der Dornen am Aussenrande des Aussenastes am ersten Paare des ♂, finden sich hier keine geschlecht lichen Unterschiede. Die Aussenäste sind überall dreigliedrig, die Innenäste eingliedrig am ersten Paar, zweigliedrig am zweiten Paar und dreigliedrig am dritten und vierten Paare. Am Ende der Aussenäste des zweiten bis vierten Paares sitzen Sägen mit weitläufigen, spitzen Zähnen; dieselben werden am ersten Paare durch eine Fiederborste ersetzt. Am Ende des Innenrandes des zweiten Basale am ersten Paare findet sich auch hier eine Borste, die wie bei *Halitemora* geschweift und auf der proximalen Seite mit langen Fiedern versehen ist. In Vertheilung und Zahl der Fiederborsten zeigt das zweite bis vierte Paar keine Abweichungen".

"**Fünftes Fusspaar.** Beim Weibchen ist keine Spur desselben vorhanden. Beim ♂ besteht dasselbe aus zwei langen, dünnen viergliedrigen Aesten. Der rechte Ast läuft in eine scharfe Spitze aus: der linke dagegen verjüngt sich gegen das Ende weniger stark und trägt am Ende einen kleinen Haken mit verdickter Basis, der vielleicht als fünftes Segment anzusehen ist". —

Fundort und Fundzeit. Ich habe diese Art ziemlich häufig im Juli in Ålands Meer und im Meere zwischen den Ålands Inseln und dem finnischen Festlande gefunden. Auch habe ich dieselbe im finnischen Meerbusen bei Helsingfors im December Monat gefischt, aber wie gesagt immer nur junge Individuen [1]). In April und Mai habe ich sie bei Helsingfors nicht gesehen. — Nach Giesbrecht soll *Clausia elongata* in der Kieler Foehrde in grösster Menge im Februar auftreten und dann allmählich verschwinden, erst die Männchen die schon in April selten sind, und dann auch die Weibchen, so dass man sie nach dem Juni nur selten findet. Wenn unsere Art dieselbe wie die in der Kieler Foehrde auftretende ist, so hat sie die Zeit für ihr Auftreten in dem nördlichen Theile der Ostsee verändert.

---

[1]) Ich habe anfangs gedacht, dass die Individuen nur stark verkümmert wären. Da ich aber nie ein Männchen mit ausgebildeten Greif-Antenne und fünften Fusspaar oder ein Weibchen mit Eiersäckchen gesehen habe, muss ich diese Vermuthung aufgeben.

Temora longicornis. F. O. Müller.

Cyclops longicornis, O. F. Müller, Entomostraca, p. 115, 1785.

Temora finmarchica, Baird, Brit. Entom., p. 228, 1850.

„ „ Claus, Freilebende Cop., p. 195, 1863.

„ *longicornis,* Boeck, Overs., p. 239, 1864.

„ „ Giesbrecht, Cop. der Kieler Foehrde, p. 149, 1881.

„ „ Poppe, Cop. d. Jadebusens, p. 176, 1885.

♀ **Länge** 0,75 m. m., **grösste Breite** 0,25 m. m.

Die Körperform (Taf. IV, Fig. 1) ist ziemlich plump und die grösste Breite befindet sich an der Mitte des Kopfsegmentes.

Der Cephalothorax. Die Länge des Kopfsegmentes verhält sich zur länge des ganzen Cephalothorax wie 1 : 2. Am kürzesten sind das dritte und vierte Segment, welche fast gleich lang sind. Von dem zweiten Segmente an verjüngt sich der Cephalothorax allmählich nach hinten, so dass der hintere bogenförmig ausgeschnittene Rand des fünften Segmentes nur wenig breiter als das Abdomen ist. Von der Seite gesehen ist dasselbe Segment abgerundet.

Das Abdomen besteht aus vier Segmenten, von denen die Furca etwas länger als die zwei vorhergehenden Segmente zusammengenommen, das erste unbedeutend länger als das dritte und dieses doppelt so lang wie das zweite Segment ist. Das erste Segment ist an den Seiten nicht eingeschnürt und zeigt somit nicht Spuren der Zusammenwachsung aus zwei Segmenten, wie bei der Gattung *Temorella*. Die Furcaäste sind von einander weit abstehend und mit einander parallel. Die Zweitinnere Borste ist in ihrem basalen Theil aufgetrieben.

Die vorderen Antennen sind 24 gliedrig und reichen bis zur Basis der Furca.

Erster Kieferfuss ist kurz und gedrungen, der **zweite** langgestreckt.

Schwimmfüsse. Der Innenast ist zweigliedrig der Aussenast am ersten Fusse (Taf. III, Fig. 6) dreigliedrig, an den folgenden zweigliedrig.

Die Füsse des fünften Paares (Taf. IV, Fig. 4) sind einfach und dreigliedrig. Am zweiten Gliede sitzt eine Borste an der hinteren Seite. Das dritte Glied trägt einen Dorn auf der vorderen und einen auf der hinteren Seite nebst zwei Enddornen.

♂ **Grösse:** 0,96 m. m.

Der Cephalothorax (Taf. IV, Fig. 2) ist gebaut wie bei dem Weibchen aber weniger plump.

Das Abdomen (Taf. IV, Fig. 2 u. 3) besteht aus 6 Segmenten. Die Länge der Furca verhält sich zu dem übrigen Abdomen wie 1 : 1,54. Die Furcaäste sind nicht von einander so weit entfernt wie bei dem Weibchen. Die Endborsten sind länger als bei diesem.

Die vorderen Antennen. Die linke ist wie bei dem Weibchen gebaut. Die rechte (Taf. III, Fig. 9) besteht aus 21 Segmenten und hat zwischen dem 18ten und 19ten Segment ein Gelenk. Das 13te bis 18te Segment sind von einer starken Biegmuskel durchsetzt und aufgetrieben, aber nicht so viel wie bei der Gattung *Temorella*. Die vordere Seite der meisten Segmente ist mit Borsten und blassen Kolben besetzt [1]).

Schwimmfüsse. Der Innenast ist zweigliedrig, der Aussenast an allen Füssen dreigliedrig, also nicht wie bei dem Weibchen. **Das fünfte Fusspaar** (Taf. III, Fig. 7 u. 8). Die Füsse sind einästig und bestehen aus vier Gliedern. Die Basalglieder der beiden Füsse sind theilweise mit einander zusammengewachsen. Das zweite Glied des linken Fusses hat einen langen und dünnen fingerförmigen Fortsatz nach innen, welcher zusammen mit dem dritten und vierten Glied eine Zange bildet. Das dritte Glied trägt an der Aussenseite einen Dorn, das vierte Glied endigt mit zwei ungleich langen Dornen und trägt ausserdem einige ganz kleine Dörnchen. Das zweite Glied des rechten Fusses trägt auf der Innenseite eine weiche Warze veränderlicher Form, auf dem distalen Ende einen Stachel. — Das dritte Glied ist hakenförmig gebogen und trägt an seinem Ende das kleine Endglied.

Fundort und Fundzeit. Wurde auf mehreren Stellen bisweilen in grosser Zahl, im Meere zwischen Åland und dem finnischen Festlande, wie auch im Ålands Meer während der ersten Hälfte von Juli gefunden.

Die Länge des Männchens ist etwas grösser als die des Weibchens. Nach den Angaben von sowohl Giesbrecht wie Poppe soll aber das Weibchen grösser sein. Die Ver-

[1]) Das erste und zweite Glied tragen je eine blasse Kolbe, das erste Glied ausserdem eine Borste, das zweite zwei Borsten, wie es Giesbrecht dargestellt hat. Da dieselben aber an den Inneren Seite gelegen sind, habe ich sie beim Zeichnen der Fig. nicht gesehen.

gleichung beider Geschlechter von unseren Exemplare zeigt, dass der Cephalothorax fast dieselbe Länge hat; dagegen ist das Abdomen des Männchens bedeutend Länger als bei dem Weibchen. Der Cephalothorax verhält sich zum Abdomen bei dem Weibchen wie 100 : 60, bei dem Männchen wie 100 : 77. Durch eine ähnliche Messung von Giesbrechts Figuren habe ich gefunden dass dieselben Körpertheile sich da wie 100 : 50 (♀) und 100 : 70 (♂) verhalten. Also ist das Abdomen bei dem nordbaltischen Exemplaren relativ grösser als bei der Kieler Form, der Cephalothorax hat sich also stärker vermindert als das Abdomen. In beiden Geschlechtern ist die Furca verhältnissmässig kürzer als bei den Kieler- und Nordseeexemplaren.

Temorella, Claus.

Temorella, Claus, Über die Gattungen Temora und Temorella, 1881.

Eurytemora, Giesbriecht, Die freilebenden Cop. d. Kieler
Foehrde, p. 152, 1881.

Die Gattung *Temorella* unterscheidet sich von *Temora* hauptsächlich durch folgenden Merkmale. Der Cephalothorax besteht aus 6 Segmenten. Bei allen den von
mir untersuchten Formen ist der Hinterrand des Kopfsegmentes an der Rückseite mehr oder weniger aufgetrieben. Das letzte Brustsegment besteht bei dem Weibchen
aus drei Theilen, einem Mittelstück und zwei Lateraltheile,
welche letztere gewöhnlich flügelartig ausgezogen sind [1]).
Das Mittelstück ist sehr veränderlich und fehlt nicht selten. Das erste Abdominalsegment des Weibchens ist Eingeschnürt. Die vorderen Antennen reichen nicht über den
Hinterrand des Cephalothorax und sind in dem proximalen Theile ziemlich dick. Bei dem Weibchen verjüngen
sie sich allmählich gegen das Ende. Bei dem Männchen
hat die rechte Antenne zwischen den 18ten und 19ten

---

[1]) Diese Flügel scheinen eine Blase zu enthalten. Wahrscheinlich ist sie mit irgend welcher leichter Flüssigkeit erfüllt um
somit das Tragen der Eiersäcke, wie durch Schwimmblasen, zu
erleichtern. Damit würde erklärt sein, warum solche flügelartige
Auswüchse nur bei den Weibchen, und zwar bei solchen Arten,
welche Eiersäcke tragen, vorkommen.

Segmente ein Gelenk. Das 13—18 Segment, welche von
der Biegmuskel durchsetzt sind, sind viel stärker angeschwollen als bei *Temora*. Der zweite Kieferfuss ist kürzer als bei dieser Gattung. Der Innenast des ersten Fusspaares ist eingliedrig (bei *Temora* zweigliedrig). Auf dem
fünften Fusspaare des Weibchens ist das vorletzte Glied
in einen kräftigen Fortsatz verlängert, welcher bei *Temora* entweder fehlt oder nur von einem kleinen Dorn
vertreten ist. Auf demselben Fusspaare des Männchens
fehlt dem zweiten Gliede des linken Fusses der kenn-
zeichnende lange Fortsatz von *Temora* und auch sonst
sind diese Füsse ganz anders gebaut.

Bemerkung. Bei *T. hirundo* soll das Mittelstück des
letzten Brustsegmentes nach Giesbrecht [1]) fehlen. *T. affinis v. hispida* entbehrt es auch. Bei *T. affinis v. hirundoides* habe ich es bisweilen ziemlich deutlich von dem
ersten Abdominalsegment abgegrenzt, bisweilen aber mit
demselben zusammengeschmolzen, gefunden. Bei *T. Clausii* soll es nach Poppe [2]) vorhanden sein; nach Liljeborg [3])
ist es unter dem vorhergehenden Segmente versteckt.
Ich selbst habe es bei dieser Art nicht sehen können. Am
deutlichsten ist das Mittelstück bei *T. lacustris* entwickelt.

---

[1]) Giesbrecht, l. c. p. 152.
[2]) Poppe, l. c. Tab. IV, Fig. 1.
[3]) Liljeborg, De crustaceis etc., p. 180.

Temorella affinis Poppe var. hirundoides n.

♀ **Grösse** 0,98 m. m.

Die Körperform (Taf. IV, Fig. 5) ist lang und schlank. Die grösste Breite des Körpers verhält sich zur ganzen Körperlänge $= 1 : 4,4$. **Der Cephalothorax** (Taf. IV, Fig. 5, 7, 8, 9, 10 u. 11). Die lateralen Theile des letzten Segmentes sind spitz oder abgerundet und tragen an ihrem Ende einen oder zwei feine Dorne. — Die Länge des ersten Segmentes verhält sich zur ganzen Länge des Cephalothorax wie 1 zu 2,2 — 2,3. **Das Abdomen** (Taf. IV, Fig. 7 u. 8) besteht aus vier Sementen, von denen das erste, in der Mitte gewöhnlich scharf eingebuchtet und in seiner zweiten Hälfte schmäler ist. — Die erste breite Hälfte dieses Segmentes trägt jederseits zwei kleine Dornen. Die Geschlechtsöffnung ist von einem triangulären Operculum (Taf. IV, Fig. 6) bedeckt. Das dritte Segment ist, wie die Furcaglieder, auf der Rückenseite, mit einer Menge von Dornen besetzt. Die Innenränder der Furcaglieder tragen in ihrer ganzen Länge einen feinen Wimperbesatz und ebenso der Theil des Aussenrandes, welcher hinter der Randborste liegt. Die Länge der Furca verhält sich zu derselben der drei vorhergehenden Abdominalsegmente wie 1 : 1,2 — 1,4, zu der ganzen Körperlänge wie 1 : 5,5 — 5,7, die Breite der Furcaglieder zu ihrer Länge wie 1 : 8 — 12. Die Randborste ist etwa auf ein Viertel der ganzen Furcalänge von der Spitze der Furca entfernt. Von den Endborsten ist die zweitinnere am längsten, unbedeutend kürzer ist die dritte, dann kommt die erste und schliesslich die vierte. Überhaupt ist der Längenunterschied zwischen den verschiedenen Borsten sehr klein. Alle diese sowohl Rand- wie Endborsten sind befiedert. Auf dem Rücken sitzt zwischen der ersten und zweiten Borste eine kleine nackte Borste.

Die vorderen Antennen sind 24 gliedrig und erreichen nicht den Hinterrand des Cephalothorax. Das dritte bis fünfte Glied sind am breitesten, von wo an die Antennen sich allmählich nach dem Ende hin verjüngen. Alle Glieder sind auf der vorderen Seite beborstet, das 22te und 23te tragen auch am Innenrande eine Borste.

Das fünfte Fusspaar (Taf. IV, Fig. 10) besteht aus einem ungegliederten Basalstücke, auf welchem jederseits ein einfacher dreigliedriger Ast steht. Das erste Glied trägt am Aussenrande eine Borste; das zweite ist nach innen in einen starken, spitzen glatten Fortsatz ausgezogen und trägt am Aussenrande zwei grosse und einen ganz kleinen Dorn[1]); das dritte kleine und ovale Glied endigt mit einem langen Dorn und trägt nach aussen von diesem einen anderen kürzeren.

♂ Grösse 1,02 m. m.

Der Cephalothorax unterscheidet sich von denselben des Weibchens durch das letzte Segment, welches nicht flügelartig verlängert sondern viel kürzer und abgerundet ist.

Das Abdomen besteht aus sechs Segmenten. Die

[1]) Diesen letzten konnte ich erst nach langem Suchen mit Zeiss Ocul. 2, Object. E finden.

Länge der Furca verhält sich zu derselben des übrigen
Abdomens wie 1 : 1,3—1,6, zur ganzen Körperlänge wie
1 : 5,4—5,6, die Breite der Furcaäste zu ihrer Länge wie
1 : 13.

Die vordere rechte Antenne (Taf. VI, Fig. 3). Das
13—18 Segment ist stark aufgetrieben. Das letzte (20ste)
Segment ist sehr lang. Die Glieder 8—12 tragen je einen
Dorn, von denen der des 8. und 10. Segmentes der kleinste, der am 12. der grösste ist.

Das fünfte Fusspaar (Taf. V, Fig. 5) stimmt mit
der von Poppe gegebenen Zeichnung [1]) überein, nur die
kleinen Dorne auf dem Basalgliede sind von ihm nicht
erwähnt worden. Auch ist der Dorn am zweiten Gliede
des rechten Fusses bei unserer Form von einer kleinen
Warze ersetzt.

Fundort und Fundzeit. Diese Varietät habe ich in
allen Jahreszeiten und nicht selten massenhaft an unseren Küsten bei Helsingfors, im Skärenmeere, im Ålands-
haf und im bottnischen Meerbusen bis zum nördlichen Ende
desselben gefunden. Nördlich von Qvarken ist sie nebst
einer *Bosmina* die Hauptmasse der pelagischen Thierwelt.

Wie aus der Vergleichung der hier gegebenen Beschreibung und der Abbildungen mit denjenigen Poppes [2])
hervorgeht, unterscheidet sich diese Form von der von
Poppe beschriebenen hauptsächlich durch ihre Kleinheit,
schlankere Körperform und verhältnissmässig längerer
und schmälerer Furca. Durch den zwei letzteren Eigenschaften nähert sich die Varietät *hirundoides* zu Giesbrechts *T. hirundo.* Die flügelartigen Lateraltheile des
letzten Thoracalsegmentes des Weibchens sind variabel,

[1]) Poppe l. c. Taf. VI, Fig. 26.
[2]) Poppe l. c. p. Tab. VI, Fig. 22—28.

bisweilen spitz ausgezogen, bisweilen mehr oder weniger abgerundet. Sie wechseln also in ihrer Form zwischen *T. affinis* Poppe und *T. hirundo* Giesbrecht. Die Bedornung derselben ist auch nicht ganz konstant. Die meisten Exemplare tragen auf dem genannten Theil nur je einen Dorn. Doch habe ich auch Individuen mit je zwei Dornen gesehn. Das dritte Glied des fünften Fusspaares bei dem Weibchen trägt auf der Aussenseite ausser den zwei grösseren Dornen noch einen dritten ganz kleinen, wie es auch Poppe gezeichnet hat. Dieser soll nach Giesbrecht bei *T. hirundo* fehlen. Der Bau des fünften Fusspaares des Männchens scheint in der Bedornung wie auch in der Form einiger Segmenten etwas variabel zu sein. So habe ich den Dorn am Innenrande des zweiten Segmentes des rechten Fussen bei einigen Individuen gesehen, bei andern nicht. Diese Vergleichung zeigt dass *T. affinis v. hirundoides* eine Zwichenform zwischen *T. affinis* Poppe und *T. hirundo* Giesbr. ist Dies wird vielleicht deutlicher aus nachstehender Tabelle hervorgehen.

Sehr merkwürdig ist der Umstand, dass die extreme Form *T. hirundo* örtlich zwichen den beiden einander näher stehenden Formen eingeschoben ist. Vielleicht wird das dadurch erklärt, dass die Verbindung zwischen der Nordsee und Ostsee durch den Bälten und dem Sunde jüngeren Datums ist, während die alte Verbindung viel nördlicher, über die grossen schwedischen Seen Wenern und Wettern ging.

	Temorella affinis Poppe.	*Temorella affinis v. hirundoides.*	*Temorella hirundo.*
Grösse	♀ 1,5 m. m. ♂	♀ 0,93 m. m. ♂ 1,02 m. m.	♀ 1,4 m. m. ♂ 1,2 m. m.
Verhältniss der Länge zur grössten Breite.	♀ 3 : 1. ♂ 3,75 : 1.	♀ 4,4 : 1. —	♀ 4,8 : 1. ♂ 5 : 1.
Lateraltheile des letzten Thoracalsegmentes des ♀.	In einen zulaufenden Flügel jederseits verlängert und an seinem Ende einen feinen Dorn tragend.	Die Flügel entweder Spitz wie bei *affinis* oder abgerundet, mit einen oder zwei feinen Dornen.	Weniger stark verlängert, anliegend und abgerundet, mit einigen wenigen kleinen Härchen.
Verhältniss der länge der Furcaglieder zu der des übrigen Abdomens.	♀ 1 : 1,5. ♂ 1 : 2¹/₇.	♀ 1 : 1,2−1,4. ♂ 1 : 1,3−1,6.	♀ 1 : 1. ♂ 1 : 1,1.
Verhältniss der Furcalänge zur Körperlänge.	♀ 1 : 6. ♂ 1 : 6¹/₂.	♀ 1 : 5,5−5,7. ♂ 1 : 5,4−5,6.	♀ 1 : 4,1. ♂ 1 : 4,7.

Temorella affinis Poppe var. hispida n.

♀ **Grösse** 1,38 m. m.

Körperform. Die grösste Breite verhält sich zur Länge wie 1 : 4,3, ist somit fast dieselbe wie bei *T. affinis v. hirundoides.* **Cephalothorax** (Taf. V, Fig. 1 u. 10). Das letzte Segment besteht nur aus den zwei lateralen Flügeln, deren hintere Ecke spitz ausgezogen ist. Von der Seite gesehen ist der Oberrand der Flügel S-formig gekrümmt, häufig noch mehr als die Tafel V, Fig. 10 es zeigt. Dieses Segment ist mit kurzen Haaren besetzt, und auch die übrigen Segmente sind hie und da da mit solchen Härchen versehen. **Abdomen** (Taf. V, Fig. 1). Das erste, in der Mitte eingebuchtete Segment trägt auf seiner unteren Seite ein dreieckiges Operculum vulvae wie *T. affinis* Poppe und *rar. hirundoides* und ist mit einigen Dornen und kurzen Haaren besetzt. Das dritte Segment und die Furca sind auf der Dorsalseite dicht bedornt. Die Länge der Furca verhält sich zu derselben des übrigen Abdomens wie 1 : 1,9, zur ganzen Körperlänge wie 1 : 6,7. Die Breite der Furcaäste verhält sich zu ihrer Länge wie 1 : 6,6.

Das fünfte Fusspaar (Taf. VI, Fig. 5) stimmt ganz mit demselben der beiden übrigen Formen dieser Ar überein.

♂ **Grösse** 1,2 m. m.

Abdomen. Die Furca ist etwas länger als die drei vorhergehenden Segmente zusammengenommen. Ihre Länge verhält sich zu der der vorhergehenden fünf Abdominalsegmente wie 1 : 1,₅₅, zur ganzen Körperlänge wie 1 : 6,₀, und die Breite der Äste zu ihrer Länge wie 1 : 6,₇.

Die rechte vordere Antenne (Taf. VI, Fig. 4) stimmt am meisten mit derselben von *T. affinis* Poppe überein, ist aber sowohl an der vorderen, wie auch an der hinteren Seite mit kurzen, steifen Härchen, wie es die Fig. zeigt, versehen.

Das fünfte Fusspaar (Taf. V, Fig. 6 u. 7). Das Basalglied des linken Fusses trägt an der Innenseite einen stumpfen Fortsatz, wie *T. hirundo.* Die Glieder dieses Fusses sind verhältnissmässig länger und schmäler als bei den übrigen Formen dieser Gattung.

Fundort. Wurde von mir am Ufer bei Korpo (in den Skären von Åbo) den 4 Juli 1887 gefunden.

Temorella lacustris, Poppe.

Temorella lacustris, Poppe, Beschreibung einiger neuer
Entomostraken aus norddeutschen
Seen p. 278, 1886.

„ *intermedia,* Nordqvist, Bidrag till kännedomen
om Ladoga sjös crustacéfauna, p.
132, 1887.

♀ **Grösse** 1,ı m. m.

Die Körperform (Taf. VI, Fig. 1) ist ziemlich robust.
Der Cephalothorax (Taf. VI, Fig. 1).' Die grösste
Breite befindet sich am hinteren Theile des ersten Segmentes. Nach hinten wird der Cephalothorax nur wenig
verjüngt. Das letzte Thoracalsegment ist darum viel breiter als das Abdomen und seine Hinterecken sind — wenn
das Thier von oben gesehen wird — von dem ersten Abdominalsegment weit abstehend, ziemlich spitz aber nicht
ausgezogen oder nach aussen gebogen und mit einem feinen Dorn ausgestattet. Die Länge des ersten Segmentes
verhält sich zu den ganzen Cephalothorax wie 1 : 2,ı.
Das Abdomen (Taf. VI, Fig. 1) besteht aus vier Segmenten, von denen das zweite das kürzeste ist, während
das erste und dritte fast gleich lang sind. Der vordere
Theil des ersten Segmentes ist nur wenig aufgetrieben.
Das Operculum vulvae ist halbmondförmig (nicht triangu-

lär). Auf keinem Abdominalsegmente sind Dornen zu finden. Die Innenränder der Furca sind mit einer Reihe
von feinen Haaren versehen. Die Länge der Furca verhält sich zu der der übrigen Abdominalsegmente wie 1 : 1,7,
zu der ganzen Körperlänge wie 1 : 6,7.

Die vorderen Antennen sind 23-gliedrig, dadurch dass
die achten und neunten Segmente verschmolzen sind.

Das fünfte Fusspaar (Taf. V, Fig. 4) gleicht in Gliederung und Form demselben der übrigen Arten. Das erste
Glied des Aussenastes ist auf der Aussenseite mit einer
Borste versehen; das zweite hat zwei Dornen auf derselben Seite und ist nach innen wie die übrigen Arten in
einen starken, spitzen Fortsatz ausgezogen, welcher hier
auf der distalen Seite mit einer Reihe von feinen Dornen
besetzt ist. Das. Endglied stimmt mit demselben der übrigen Arten überein.

♂ **Grösse** 1,3 m. m.

Die Körperform ist viel schlanker als bei dem Weibchen.

Der Cephalothorax. Die Länge des ersten Segmentes verhält sich zu derselben des ganzen Cephalothorax wie 1 : 2,1. Der Dorsalrand des genannten Segmentes ist etwas vor der Mitte eingebuchtet, der Hinterrand aufgetrieben. Der Hinterrand des letzten Segmentes ist, von der Seite gesehen, abgerundet. — Dornen fehlen.

Das Abdomen. Die Länge der Furca verhält sich zu
der der vorhergehenden fünf Abdominalsegmente wie 1 : 2,7,
zu der ganzen Körperlänge wie 1 : 6, die Breite der
Furcaäste zu ihrer Länge wie 1 : 9. — Dornen fehlen.

Die rechte vordere Antenne (Taf. VI, Fig. 2) ist hauptsächlich wie bei den übrigen Arten gebaut. Doch ist die Auftreibung der Glieder 13—18 weniger bedeutend als bei *T. Clausii* aber grösser als bei *T. affinis v. hirundoides*. Die Glieder 8—12, welche schmäler als die vorhergehenden sind, tragen je einen Dorn, von denen der auf dem 12. Gliede der grösste, der des 9. Gliedes ein wenig kürzer und der des 12. und 11. Gliedes der kleinste ist. Auch die linke Antenne hat die Glieder 8—12 schmäler als die vorhergehenden, wodurch dieselbe sich von der weiblichen Antenne unterscheidet.

Das fünfte Fusspaar (Taf. VI, Fig. 9). Beide Füsse sind viergliedrig, stimmen aber sonst am meisten mit denselben von *T. Clausii* überein.

Fundort. Diese Art, welche sehr nahe zu *Temorella affinis* steht und wahrscheinlich auch daraus hervorgegangen ist, scheint in einer grossen Zahl von den Landseen Finlands zu leben. Ich habe sie im Ladoga, Lojo-see [1]), Päijänne, Kallavesi, Kuusamojärvi, Muojärvi, Pyhäjärvi (in Kuusamo), Kitkajärvi Kiitämä und Suininki gefunden. Da dieselbe auch in den fünf letztgenannten hochgelegenen Seen (207—252 Meter Meereshöhe), welche sich aller Wahrscheinlichkeit nach nicht unter dem Meere befunden haben, lebt, so ist sie nicht in diesen Seen *relict,* sondern muss dahin allmählich verschleppt worden sein.

Fundzeit. Ist von mir nur im Sommer gefunden.

Bemerkung. Diese Art ist wie es auch Poppe bemerkt — sehr durchsichtig. Diese Durchsichtigkeit scheint eine Folge seines Aufenthaltes im süssen Wasser zu sein. Die Meerescopepoden — wenn auch im Wasser

---

[1]) Von Herrn Stud. Ch. E. Boldt gefischt.

von sehr geringer Salzgehalt lebend — sind immer viel weniger durchsichtig als die Süsswasserarten. Dieser Unterschied ist besonders auffallend bei *Limnocalanus macrurus*, welcher sowohl im süssen wie im salzigen Wasser lebt.

Temorella Clausii Hoeck.

Temora relox ♀ Liljeborg, De crustaceis etc. p. 177, 1853.
Cyclopsine lacinulata Fischer. Beitr. z. Kenntn. d. in die
        Umgebung von P:burg sich find. Cy-
        clopiden. p. 86, 1853.
Temora Clausii Hoek, Vrijlevende Zoetwater-Copepod., p.
        23, 1876 (nach Poppe).
Temorella Clausii Claus, Gattung Temora u. Temorella, p.
        490. 1881.

♀ **Grösse** 1.₃ m. m.. grösste **Breite** 0,₄ m. m.
Die Körperform ist plumper als bei den vorhergehenden Arten.

Der Cephalothorax. Das letzte Segment ist charakteristisch durch seine nach aussen gekrümmte lateralen Flügel, welche mit einigen spärlichen Härchen besetzt sind.
Das Abdomen (Taf. VI, Fig. 6). Von den Abdominalsegmenten ist die Furca die längste, darauf folgt, der Länge nach gerechnet, das dritte Segment, dann das erste und schliesslich das zweite, welches fast halb so lang wie die Furca ist. Die Länge der Furca verhält sich zur Länge des übrigen Abdomens wie 1 : 2,₂, zur ganzen Körperlänge wie 1 : 8, zur Breite der Furca wie 5 : 1. Die auf der unteren Seite des ersten Segmentes gelegene Geschlechtsöffnung ist von einem halbmondförmigen Operculum bedeckt. Auf den zwei ersten Segmenten habe

ich keine Haare gefunden, auf dem dritten sitzen einige
spärliche Härchen; die Furca ist dicht behaart. Die äussere befiederte Seitenborste sitzt am zweiten Drittel der
Furca. Von den vier auch befiederten Endborsten sind
die drei äusseren fast gleich lang, die innere etwas kürzer. Auf der Rückseite sitzt zwischen der ersten und
zweiten Endborste (von innen gerechnet) eine kleine nackte
Borste.

Die vorderen Antennen sind 24-gliedrig und reichen,
wenn nach hinten gestreckt, bis zum hinteren Ende des
Cephalothorax.

Das fünfte Fusspaar (Taf. VI, Fig. 6). Die Füsse sind
jederseits gleich gebaut und viergliedrig. Das zweite Glied
trägt an der Aussenseite eine lange Borste, das dritte einen Dorn, und ist nach innen in einen ähnlichen Fortsatz
wie bei den übrigen Arten ausgezogen. Die distale Seite
dieses Fortsatzes ist mit kleinen Dörnchen besetzt. Das
vierte Glied endigt auch hier mit einem inneren langen
Stachel und einem äusseren kurzen Dorn.

♂ **Grösse** 1,3 — 1,4 m. m.

Die Körperform ist schlanker als bei dem Weibchen,
die grösste Breite verhält sich zur ganzen Körperlänge
wie 1 : 7,5.

Der Cephalothorax. Die Länge des ersten Kopfsegmentes verhält sich zu dem ganzen Cephalothorax wie
1 : 2,2. Das letzte Segment ist ausgezogen in nach aussen
gekrümmte Flügel, welche mit mehreren Borsten besetzt sind.

Das Abdomen (Taf. VI, Fig. 7). Die Länge der Furca
verhält sich zu der der vorhergehenden fünf Abdominalsegmente wie 1 : 2,0 — 2,4, zur ganzen Körperlänge wie 1 : 7,5,
die Breite der Furcaäste zu ihrer Länge wie 1 : 7. Diese

sind nur an der Innenseite mit Haaren besetzt. Sowohl die Endborsten wie die Seitenborste sind gefiedert. Von den ersteren ist die zweitinnere die längste und so lang wie die zwei bis drei letzten Abdomialsegmente zusammen, dann folgt die dritte, erste und schliesslich die vierte. Die Seitenborste ist unbedeutend kürzer als die letztgenannte, übertrifft aber die Furca an Länge.

Die vorderen Antennen. Die rechte Antenne ist zwanziggliedrig und wie bei den übrigen Arten gebaut, aber viel dicker und gedrungener. Nach den dicken sieben ersten Gliedern folgen fünf schmälere. Die vordere Seite der von der Biegmuskel durchsetzten Glieder, besonders der 15—17 sind stark angeschwollen. Das achte, neunte und zwölfte Glied tragen je einen Dorn. — Die linke Antenne ist wie die Antennen des Weibchens gebaut, unterscheidet sich aber auch hier durch die schmäleren 8—12 Glieder.

Das fünfte Fusspaar (Taf. V, Fig. 8). Der rechte Fuss desselben unterscheidet sich von dem der vorhergehenden Arten dadurch, dass das lange Endglied hier in zwei getheilt ist, wodurch der Fuss fünfgliedrig wird. Der linke Fuss ist wie bei den übrigen Arten viergliedrig. Die Form des letzten Gliedes ist wie bei diesen, sehr veränderlich, selbst bei demselben Individuum. Der distale Theil dieses Gliedes, welches wahrscheinlich als ein ursprünglich fünftes Glied zu betrachten ist, ist gewöhnlich mehr oder weniger dreieckig mit einer Ausbuchtung auf seiner distalen Fläche. — Bei einem Männchen, welches ich während der Begattung auf das Objectglas legte, war dieser distale Theil des vierten Gliedes birnenförmig angeschwollen (Taf. VI, Fig. 8). An seiner vorderen Fläche dicht über der Spitze war ein Spermatophor angeklebt.

Fundort und Fundzeit. Wurde im finnischen Meerbusen bei Kirjola (Kirchsp. St. Johannes) nicht weit von
Wiborg und auf mehreren Stellen im bottnischen Meerbusen wie bei Kristinestad, Töjbyträsk[1]) und bei Karlö
im Sommer gefunden. Wahrscheinlich kommt *T. Clausii*
überall an Finlands Küsten vor in flachen Buchten und
in Strandpfützen, wo das Wasser kaum merklich salzig ist.

---

[1]) Ein kleiner flacher Sumpfsee am Ufer des bottnischen
Meerbusens. Im Anfange dieses Jahrhunderts soll derselbe noch
eine Bucht des Meeres gewesen sein.

Heterocope G. O. Sars.

Heterocope, Sars. Overs. af de indenlandske Ferskwands-copepod, p. 220, 1863.

Der Cephalothorax besteht aus sechs Segmenten, von denen doch immer die zwei letzten deutlich von einander getrennt sind. Die Stirn ist abgerundet und es laufen keine Fortsätze aus. Der Kopf ist durch eine Furche in zwei Theile abgeschnürt.[1]) Das letzte Thoraxsegment verjüngt sich nach hinten, so dass sein Hinterrand dem Abdomen ziemlich dicht anliegt. Das Abdomen besteht bei dem Weibchen aus 4, bei dem Männchen aus 6 Segmenten. Die Furcaäste sind kurz, höchstens zwei Mal so lang wie breit. Von den Furcaborsten fehlt die äussere Seitenborste immer. Die äusserste Endborste mangelt entweder ganz oder ist kurz, höchstens $1^1/_2$ Mal so lang wie breit, und unbefidert. Dagegen sind die drei inneren

---

[1]) Diese beiden Theile werden von Sars als zwei Segmente aufgefasst, so dass er die Zahl der Segmente auf 7 angiebt (l. c. p. 220). Gruber sagt, dass bei *H. saliens* „die Zahl der freien Thoracalsegmente beträgt vier" (l. s. p. 5). Dieses ist für *H. saliens* richtig, da gerade bei dieser Art die Zusammenschmelzung der zwei letzten Thoracalsegmente am weitesten gegangen ist. Bei genauer Untersuchung kann man aber auch hier die Zusammenschmelzungslinie erkennen.

Endborsten lang, kräftig und befiedert und haben die Spitzen hakenförmig nach unten gebogen[1]).

Die vorderen Antennen sind lang und bestehen aus 25 Gliedern. Diese tragen auf der Vorderseite Borsten und blasse Kolben. Das 10. Glied entbehrt immer beide. Das zweitletzte Glied trägt auf der Hinterseite zwei oder drei, das drittletzte eine lange befiederte Borste. — Die rechte vordere Antenne des Männchens hat eine Genikulation zwischen dem 18. und 19. Gliede. Die vorhergehenden sechs Segmente, durch welche die Biegmuskel geht, sind kaum merklich aufgeschwollen. Die vorderen Kieferfüsse sind kurz und gedrungen, siebengliedrig; die hinteren viel länger und sechsgliedrig. Die Schwimmfüsse haben einen dreigliedrigen Aussenast und einen eingliedrigen Innenast. Die Füsse des fünften Paares sind einästig und bestehen aus drei Gliedern, von welchen die zwei ersten am Aussenrande je einen Dorn, das dritte am Aussenrande zwei, am Innenrande vier Dornen trägt und mit einem langen gekrümmten Stachel endigt. Das fünfte Fusspaar des Männchens ist unsymmetrisch ausgebildet. Der rechte Fuss ist dreigliedrig, der linke viergliedrig und mit einem langen gebogenen, vom zweiten Gliede ausgehenden Fortsatz[3]) versehen.

---

[1]) Sars Genusbeschreibung: Rami caudales . . . setis modo 3 majoribus uniarticulatis et ciliatis setaque alia tenuissima intus adfixa praediti" ist nicht ganz [richtig. Bei *H. saliens* ist nämlich die äussere Endborste, obwohl ziemlich kurz, vorhanden.

[2]) Merkwürdigerweise ist hier der linke Fuss stärker entwickelt als der rechte. Sonst ist es gewöhnlich bei den Calaniden umgekehrt. Dieser Umstand hat wahrscheinlich Sars zur Verwechselung des linken und rechten Fusses geführt (l. c. p. 221). Dagegen hat sie Gruber (l. c. p. 7) richtig erkannt.

[3]) Bei jungen Individuen von *H. saliens* kann man eine

Bis jetzt sind drei Arten von der Gattung *Heterocope*
bekannt: *H. appendiculata* G. O. Sars, *H. saliens* Lillj.
und *H. alpina* G. O. Sars. Alle aus den süssen Gewässern von Europa[1]).

Dreigliederung dieses Fortsatzes erkennen. Dieser Umstand, wie
auch, dass derselbe vom zweiten Gliede des Protopodits ausgeht.
beweisen, dass dieser Fortsatz nicht wie ähnliche Bildungen bei
Centropages, Limnocalanus, und *Temora* ein dornartiger Fortsatz
ist, sondern der veränderte Innenast.

[1]) Dazu kommt noch wahrscheinlich die von Seb. Fischer
beschriebene *Cyclopsine borealis* aus dem Taimyrflusse und Boga-
nida im nördlichen Sibirien (Middendorff, Reise in den äussersten
Norden und Osten Sibiriens. B. II. Theil 1. St. Petersburg 1851).

Heterocope appendiculata G. O. Sars.

Heterocope appendiculata, Sars, Overs. af de indenlendske
Ferskvandscopepoder. S. 224,
1863.

♀ **Grösse** 2 m. m.

Die Körperform (Taf. VII, Fig. 1) ist viel schlanker
als bei *H. saliens*.

Der Cephalothorax (Taf. VII, Fig. 1). Am breitesten
ist der Kopftheil, von welchem an sich der Körper allmälich nach hinten verjüngt. Das letzte Brustsegment,
welches von dem vorhergehenden nur undeutlich abge-
gliedert ist, ist am Hinterrande fast ebenso breit wie
das erste Abdominalsegment.

Das Abdomen (Taf. VII, Fig. 5) besteht aus vier Segmenten, von welchen das erste das längste ist, darnach
folgt das dritte, dann das vierte (die Furca) und schliesslich das zweite. Das erste Segment trägt vor der Geschlechtsöffnung eine Reihe von 8 Anhängen, von denen
die zwei lateralen, zweilappigen die grössten sind. Nach
innen von diesen folgt jederseits ein dreigelappter und in-
nerst vier einfache Anhänge. Die Furcaäste sind kurz,
weniger als zweimal so lang wie breit und in einer gera-
den Linie abgeschnitten. Äussere Seitenborsten fehlen.
Von den Endborsten sind nur drei vorhanden. Diese sind
aber gefiedert und sehr kräftig. Auf der Dorsalseite am
Innenrande sitzt eine winzige ungegliederte Borste.

Die vorderen Antennen (Taf. VII, Fig. 2) sind von der Körperlänge.

Das fünfte Fusspaar (Taf. VII, Fig. 3) ist von der in der Gattungsbeschreibung gegebenen Form. Der lange Endstachel ist auf dem distalen Theile der Hinterseite gezähnt. ♂ **Grösse** 1,8 m. m.

Das Abdomen. Von den fünf Segmenten desselben ist das vierte am längsten.

Die vorderen Antennen. Die rechte Antenne (Taf. VII, Fig. 4) besteht aus 23 Gliedern, doch ist die Gliederung zwischen dem 20. und 21, wie auch zwischen dem 22. und 23. Gliede nicht so deutlich wie zwischen den übrigen[1]. Das 17., 18. und 19. Glied tragen auf der Vorderseite gerade oder etwas gekrümmte dornartige Fortsätze. Die linke Antenne ist wie die weibliche gebaut.

Das fünfte Fusspaar (Taf. VII, Fig. 6) Der rechte Fuss ist dreigliedrig. Die zwei ersten Glieder sind kurz, das dritte lang, mit einer Auftreibung auf der Innenseite und einer kleinen Grube an dem Ende. Der linke Fuss ist viergliedrig. Das zweite Glied läuft nach Innen in einen langen gebogenen Fortsatz aus. Das dritte Glied trägt auf der Innenseite eine kleine Warze. Das vierte Glied ist lang, endigt mit einem Stachel und trägt auf der Aussenseite drei Dornen.

Fundort. Im Kallavesi ist diese eine von den gewöhnlichsten Arten und kommt öfters in grosser Menge vor. Im Päijänne habe ich einige Individuen aus Sauselkä, im Ladoga See nur ein Exemplar (♂) in 56—64

---

[1] Sowohl Sars wie Gruber geben 22 als die Zahl der Glieder an. Es scheint mir aber, dass das letzte Paar von Segmenten nicht weniger zusammen gewachsen ist als das vorhergehende, so dass man auch diese trennen muss.

68

Meter Tiefe, 2—3 Kilomet. nach S von Kexholm (17. Juni) gefunden. Häufig in Yli Kitkajärvi, Kiitämä, Suininki.

Aufenthalt. Lebt hauptsächlich in grösseren Seen, welche doch nicht immer tief seen müssen. So habe ich denselben in Kiitämä gefunden, wo die grösste Tiefe nur 4 Meter ist.

Fundzeit. Wurde nur im Sommer und Herbst gefunden. Im Winter und Frühjahr habe ich sie vergebens gesucht. Sie scheint also wie die Cladoceren zum Winter auszusterben und im Sommer aus Dauereiern sich wieder zu entwickeln.

Heterocope saliens Lilljeborg.

Diaptomus saliens, Lilljeborg, Tvä Crustaceer af ordningen
Ostracoda o. Copepoda, p. 395.
Heterocope robusta, Sars, Overs. af de indenlandske Fersk-
wandscopepoder, p. 225.

„ *saliens*, Sars, Zoologisk Reise 1863, p. 233.
„ *robusta*, Gruber, Ueber zwei Süsswasser-Calaniden, p. 5.
„ *saliens*, Nordqvist, Bidrag till mellersta Finlands crustacéfauna, p. 19.

♀ Grösse 2,5 m. m.

Die Körperform (Taf. VIII, Fig. 1) ist sehr dick und
kräftig.

Der Cephalothorax (Taf. VIII, Fig. 1). Die Verschmelzung der zwei letzten Thoraxsegmente ist so weit gegangen, dass man die Verschmelzungslinie kaum sehen kann.
Das Abdomen (Taf. VIII, Fig. 1 u. 2). Das erste Segment ist das längste, dann folgt das dritte und vierte,
welche unter einander gleich lang sind, und schliesslich
das zweite. Die Geschlechtsöffnung an der unteren Seite
des ersten Segmentes ist von einem breiten, in zwei Zapfen
auslaufenden Operculum bedeckt (Taf. VIII, Fig. 5). Die
Furcaäste werden von der Basis nach dem Ende breiter.
Auch sind sie im Verhältniss zu ihrer Länge breiter als
bei *H. appendiculata*. Von den vier Endborsten ist die
äusserste kurz — bei einigen Individuen bis 1½ Mal so

lang wie die Furca, bei anderen kürzer als diese und unbefiedert. Die drei inneren Endborsten sind dagegen stark
entwickelt und kräftig. **Die vorderen Antennen** (Taf. VIII, Fig. 1) sind viel
kürzer als die ganze Körperlänge.

Das fünfte Fusspaar (Taf. VIII, Fig. 4) ist gebaut
wie bei *H. appendiculata*. Der lange Endstachel ist nicht
auf der Hinterseite gezähnt, sondern rundherum auf dem
distalen Theile mit kleinen Dornen besetzt.

♂ **Grösse** 2,4 m. m.

Das Abdomen. Nach ihrer Länge geordnet, müssen
die Segmente in folgender Ordnung aufgezählt werden:
2. (das längste), 3., 1., 6., 5. und 4. (das kürzeste). Die
Furcaborsten sind wie bei dem Weibchen. Die zweitinnere Endborste (die längste) ist ungefähr so lang wie die
fünf letzten Abdominalsegmente zusammengenommen.

Die vorderen Antennen sind wie bei *H. appendiculata*
gebaut.

Das fünfte Fusspaar (Taf. VIII, Fig. 3). Der rechte
Fuss ist kurz, einästig und dreigliedrig. Das dritte Glied
ist mit drei Dornen bewaffnet. Der linke Fuss ist viergliedrig. Von seinem zweiten Gliede geht ein gebogener
Fortsatz nach innen, auf den man drei undeutliche Glieder
unterscheiden kann. Das zweite und dritte Glied trägt auf
der Aussenseite je einen Dorn; das vierte trägt daselbst
drei Dornen und endigt mit einem langen bedornten Stachel. Die Innenseite dieses Gliedes ist theilweise behaart.

Fundort. In Kallavesi und Päijänne kommt *H. saliens* nicht selten, aber nur in vereinzelten Exemplaren, vor.

Fundzeit. Wie die vorhergehende Art nur im Sommer gefunden.

Diaptomus gracilis G. O. Sars.

Diaptomus gracilis, Sars, Overs. af de indenlenske Fersk-
wandscopep., p. 218, 1863.

„   „ Gruber, Ueber zwei Süsswasser-Calaniden, p. 11, 1878.

♀ **Grösse** 0,90—1,08 m. m. **Der Cephalothorax** (Taf. IX, Fig.
1) besteht aus sechs Segmenten, von denen das Kopfsegment durch eine Rinne
quergetheilt ist. Die grösste Breite befindet sich in der
Mitte am zweiten Segment, von wo der Cephalothorax
sich nach vorne und hinten zu allmälich verjüngt. Die
Stirn ist in zwei nach unten und hinten, gebogenen Fort-
sätzen verlängert. Das letzte Segment ist fast rectangulär
und viel breiter als das erste Abdominalsegment. Sein
Hinterrand trägt jederseits zwei Dornen. Diese sind aber
nicht symmetrisch gestellt. **Das Abdomen** (Taf. IX, Fig.
2) besteht aus vier Seg-
menten, von denen das erste so lang wie die übrigen zusammen ist und in seinem vorderen breiteren Theil jederseits in einem Dorne ausläuft. Das zweite Segment ist
das kürzeste. Die Furca ist von der Länge des vorhergehenden Segmentes. Die vier Endborsten und die äussere Seitenborste sind befiedert, und bei dem vollentwi-
kelten Weibchen fächerartig ausgebreitet und mit ihren

Spitzen stark nach unten gebogen[1]). Die kleine innere Seitenborste ist unbefiedert.

Die vorderen Antennen (Taf. IX, Fig. 3) sind 25-gliedrig und sehr schlank. Ihre Länge ist etwas veränderlich. Bei einigen Individuen ragen sie, wenn zurückgestreckt, weit über die Endborsten der Furca, bei anderen haben sie kaum mehr als die Körperlänge. Auf der Vorderseite sind alle Glieder mit einer oder zwei Borsten versehen. Von diesen sind die auf den 11., 13., 14., 16., 18., 21. und 24. Gliede am längsten. Auf der Hinterseite tragen das 22., 23. und 24. Glied je eine Borste. Das 25. Glied trägt vier lange befiederte Borsten. Das 8. und 12. Glied ist ausserdem mit je einem Dorn bewaffnet.

Die hinteren Antennen bestehen aus einem zweigliedrigen Basalstücke, einen zweigliedrigen Hauptast und einem siebengliedrigen Nebenast.

Die vorderen Kieferfüsse sind kurz.

Die hinteren Kieferfüsse sind langgestreckt und siebengliedrig.

Die Schwimmfüsse. Der Aussenast ist dreigliedrig, der Innenast am ersten Fusspaare zweigliedrig, an den drei folgenden Paaren dreigliedrig.

Das fünfte Fusspaar (Taf. IX, Fig. 4). Das erste Basalglied ist gross und trägt auf der Hinterseite einen starken Dorn. Das zweite Basalglied ist klein und entbehrt Borsten und Dornen. Der Aussenast ist dreigliedrig. Das erste Glied ist langgestreckt, das zweite kurz und läuft an der inneren Seite in einen grossen nach vorne hakenförmig gebogenen Fortsatz aus. Am Aussenrande

[1]) Bei einigen Weibchen liegen sie dem Eiersack von der Hinterseite dicht an und mögen vielleicht denselben stützen.

sitzt ein kleiner Dorn. Zwischen diesem Dorne und dem hakenförmigen Fortsatze ist das kleine dritte Glied eingeschaltet. Dasselbe endigt mit einer inneren Borste, die beinahe das Ende des Fortsatzes des zweiten Gliedes erreicht, und mit einem kürzeren äusseren Dorne. Der Innenast ist gewöhnlich undeutlich zweigliedrig und endigt mit einigen kürzeren Dornen.

♂ **Grösse** 0,92—0,95.

Der Cephalothorax hat dieselbe Gliederung, verjüngt sich aber stärker nach hinten als bei dem Weibchen. Der Dorn, mit welchem das letzte Segment (Taf. IX, Fig. 5) jederseits nach hinten endigt, ist viel kleiner als bei dem Weibchen und kaum merklich. Ausser demselben sieht man auf dem Hinterrande dieses Segmentes jederseits zwei kleine Härchen.

Das Abdomen (Taf. IX, Fig. 5) besteht aus sechs Segmenten, von welchen das zweite das längste ist. Dann folgt der Länge nach die Furca, sodann das dritte und vierte, darnach das erste und schliesslich das fünfte Segment. Die Furcaborsten sind kleiner und mehr parallel gestellt als bei dem Weibchen.

Die vorderen Antennen erreichen kaum die Körperlänge. Die rechte Antenne (Taf. IX, Fig. 6) ist 22-gliedrig. Wie gewöhnlich bei den Calaniden liegt das Gelenk zwischen dem 18. und 19. Gliede. Die vorhergehenden sechs, von der Biegmuskel durchsetzten Glieder, sind aufgetrieben. Das 10., 11. und 13. Glied trägt je einen Dorn. Das 20. Glied läuft in einen längeren oder kürzeren Fortsatz aus.

Das fünfte Fusspaar (Taf. IX, Fig. 7). Beide Füsse bestehen aus einem zweigliedrigem Basale und zwei Ästen. Das erste Basalglied des rechten Fusses trägt auf

der Hinterseite eine kleine mit einem Dorne endigende
Warze. Das erste Glied des Aussenastes ist kurz und
hat aussen an seinem distalen Ende einen etwas grösseren stumpfen Fortsatz und innen einen solchen kleineren. Das grosse zweite Glied trägt auf der Aussenseite
einen langen gekrümmten Dorn und endigt mit einem
ausserordentlich gebogenen und beweglichen Stachel. Der
Innenast ist klein, eingliedrig und endigt mit einigen kleinen Dornen. Der linke Fuss, welcher viel kleiner als der
rechte ist, trägt auf der Hinterseite seines ersten Gliedes
eine ähnliche Warze wie der rechte Fuss; das zweite
Basalglied ist aussen mit einem kleinen Dorn ausgestattet. Der Aussenast ist zweigliedrig und zeigt auf der
inneren Seite einige abgerundete und mit feinen kurzen
Härchen besetzte Höcker. Das zweite Glied scheint zwei-
zapfig zu sein und hat zwischen dem Zapfen eine kleine
nach innen gerichtete und mit einigen kleinen Borsten
endigende Warze.

Fundort. Wurde von mir in einer Menge von grösseren und kleineren Landseen, sowohl des südlichen, mittleren und nördlichen Finlands, fast überall massenhaft
gefunden. Derselbe wurde noch in dem von mir untersuchten Teiche auf dem Berge Valtavaara im nördlichen
Finland (Kuusamo), auf einer Meereshöhe von ungefähr
450 Meter angetroffen.

Fundzeit. Wird das ganze Jahr hindurch mit Eier
säckchen und Spermatophoren gefunden.

Bemerkung. In den verschiedenen Seen scheinen lo-
kale Varietäten sich ausgebildet zu haben. Folgende
Theile sind am meisten veränderlich:

Das letzte Brustsegment ist, von oben gesehen, entweder rectangulär oder nach hinten verjüngt; die Lage

und Grösse der auf seinem Hinterrande sitzenden vier Dornen ist veränderlich. Die vorderen Antennen des Weibchens sind gewöhnlich viel länger als der ganze Körper mit den Endborsten, doch ragen sie bei Individuen aus einigen Seen nur unbedeutend über die Furca hinaus. Das fünfte Fusspaar, sowohl bei dem Weibchen als bei dem Männchen, variirt hauptsächlich in der Länge des Innenastes.

Dias, Liljeborg.

Dias, Liljeborg, De crustaceis etc., p. 181, 1853.

Der Cephalothorax ist ungefähr drei Mal so lang wie das Abdomen. Der erstere ist aus fünf deutlichen Gliedern zusammengesetzt, das letztere bei dem Weibchen aus vier, bei dem Männchen aus sechs, von denen das vierte sehr kurz ist. Die Furca ist ziemlich kurz, höchstens $2^1/_2$ Mal so lang wie breit, und bei dem Männchen immer verhältnissmässig kürzer als bei dem Weibchen [1]). Sie trägt sechs befiederte Borsten, von welchen die innere, auf der Rückenseite gelegene grösser als gewöhnlich bei den Copepoden und ausserdem durch ihre breite Ansatzfläche characterisirt ist. Die vorderen Antennen reichen bis zum hinteren Rande des Cephalothorax oder darüber. Mehrere der Glieder desselben sind mehr oder weniger zusammengeschmolzen und an den Ansatzstellen der Borsten, welche theilweise lang und befiedert sind erweitert, so dass die Antennen dadurch ein „knotiges" Aussehen bekommen. Die rechte Antenne des Männchens hat ein Gelenk und eine Biegmuskel. Die Glieder, durch welche

---

[1]) Die Länge des rechten Astes ist immer etwas grösser als die des linken Astes. Auch ist die innere Seitenborste immer näher dem Ende der Furca auf dem rechten als auf dem linken Aste gerückt. Dies gilt sowohl *Dias longiremis* wie *bifilosus* und für beide Geschlechter gleich.

diese geht, sind aber fast gar nicht aufgetrieben. Die hinteren Antennen bestehen aus einem zweigliedrigen Basale, einem aus zwei langen Gliedern zusammengesetzten Hauptast, und einem kurzen dreigliedrigen Nebenast. Die vorderen Kieferfüsse sind kurz und undeutlich gegliedert. Auf ihrer vorderen Seite sitzt eine Anzahl von langen und mit starken Fiedern besetzten Borsten. Die hinteren Kieferfüsse sind dreigliedrig. Das erste Glied trägt fünf lange auf Warzen sitzende Fiederborsten, das zweite eine kurze und das dritte fünf kurze Borsten. Die Schwimmfüsse haben einen dreigliedrigen Aussenast und einen zweigliedrigen Innenast. Die Füsse des fünften Paares sind bei dem Weibchen sehr rudimentär und nur aus zwei Gliedern [1]) zusammengesetzt, von denen besonders das zweite klein ist. Jedes Glied trägt eine Borste. Bei dem Männchen sind diese Füsse auch einfach (nicht zweiästig) und zu einem Greiforgan umgewandelt.

Eiersäckchen werden nicht gebildet.

---

[1]) Diese Deutung scheint mir richtiger zu sein als Giesbrechts und Poppes, nach welcher sie eingliedrig wären. Dass das zweite Glied wirklich ein solches und nicht bloss eine Auftreibung der Borste ist, zeigt auch der von Poppe gezeichnete abnorme Fuss von *Dias intermedius* (l. c. Taf. V, Fig. 25).

Dias longiremis, (Liljeborg) Giesbrecht.

Dias longiremis, Liljeborg, De Crustaceis, p. 181, 1853.

Non
„ „ Giesbrecht, Die freilebenden Copep.
der Kieler Foehrde, p. 146, 1881.
„ „ Claus, Freilebend. Copep. p. 191, 1863.
„ „ Boeck, Ov. Norg. Cop.,
p. 237, 1864.
„ „ Brady, Monogr. I, p. 51,
1878. (Nach Giesbrecht).

♀ **Grösse** 0,94 m. m.

Der Cephalothorax (Taf. X, Fig. 1) ist ungefähr dreimal so lang wie das Abdomen. Das erste Segment entbehrt die für *Dias bifilosus* characteristischen Stirnfäden.
Das letzte Segment trägt am hinteren Theile seines Aussenrandes einen langen Dorn und hinten zwei kurze Haare.

Das Abdomen (Taf. X, Fig. 2). Das erste Segment
ist ungefähr so lang wie die zwei folgenden zusammen
und an den Seiten und am Hinterrande, das zweite nur
am Hinterrande mit einige Dornen besetzt. Das dritte
Segment trägt jederseits einen Dorn. Der Furca fehlen
diese ganz. Die Furcaäste sind $2^{1}/_{2}$ mal so lang wie breit.
Von den Endborsten, welche wie die beiden Seitenborsten
befiedert sind, ist die zweitinnere etwas mehr als $1^{1}/_{3}$ so
lang wie das Abdomen.

Die vorderen Antennen (Taf. IX, Fig. 11) reichen zum zweiten Abdominalsegment. Auf dem vierten Gliede sitzt ein Dorn.

Das fünfte Fusspaar (Taf. X, Fig. 10). Jeder Fuss besteht aus zwei Gliedern von welchen das erste an seinem distalen Ende vorne das kleine ovale, in eine lange geknickte Borste endigende zweite Glied trägt, hinten aber eine lange und dünne Borste. Dorne oder Haare auf den Borsten fehlen.

♂ **Grösse** 0,₈₉ m. m.

Das Abdomen (Taf. X, Fig. 3) besteht aus 6 Segmenten, welche alle, mit Ausnahme des dritten und sechsten (der Furca) Dornen tragen [1]. Die Länge der Furcaäste verhält sich zu ihrer Breite wie 15 : 9.

Vordere Antennen (Taf. IX, Fig. 11). Die rechte Antenne hat den Dorn des vierten Gliedes nicht wie bei *Dias bifilosus* verloren. Auch habe ich einen gleichen Dorn auf dem siebenten Gliede von welchem die Biegmuskel entspringt gesehen.

Das fünfte Fusspaar (Taf. X, Fig. 5) besteht aus einem rechten viergliedrigen und einem linken dreigliedrigen Fusse. Auf dem Basalgliede jedes Fusses sitz eine befiederte Borste. Das zweite Glied des rechten Fusses ist von der Innenseite eingeschnitten, und der proximale Lappen trägt einen Dorn [2]. Das dritte Glied hat einen Fortsatz nach Innen, auf welchem ein kleiner Dorn sitzt und das vierte ist hakenförmig gebogen und trägt auch ei-

---

[1] Giesbrecht (l. c. p. 147) sagt dass Dornen auf allen Segmenten vorkommen, ausgenommen der Furca und dem ersten Segment des ♂. Auf seiner Taf. III, Fig. 16 sind doch zwei Dornen auch auf dem ersten Segmente gezeichnet.

[2] Bei der Kieler-Form mangelt nach Giesbrecht (l. c. Taf. VIII, Fig. 30) der Einschnitt und der Dorn.

nige Dornen. Das Endglied des linken Fusses ist sehr plump und trägt zwei Dornen, von welchen der eine wahrscheinlich beweglich ist.

Fundort. Diese Art kommt sowohl im finnischen Meerbusen bei Helsingfors als auch in der nördlichen Ostsee zwischen Åland und Finland vor. Dagegen habe ich sie im bottnischen Meerbusen zwischen Sideby und Töjby nicht gesehen. *Dias longiremis* kommt nie in solcher Menge wie *D. bifilosus* vor, ist aber gar nicht selten.

Fundzeit. Wurde in Juli und December erhalten, scheint also das ganze Jahr vorzukommen.

Dias bifilosus, Giesbrecht.

Dias bifilosus, Giesbrecht, Die freilebenden Copepoden der Kieler Foehrde, p. 147, 1881.

♀ **Grösse** 0,85 m. m.

Der Cephalothorax (Taf. X, Fig. 6) ist etwas mehr als dreimal so lang wie das Abdomen. Seine grösste Breite liegt am zweiten Segmente und beträgt 0,21 m. m. Die Stirn trägt zwei nach unten und hinten gerichtete Fäden. Das letzte Segment entbehrt der Dornen und Härchen.

Das Abdomen (Taf. X, Fig. 11). Von den vier Segmenten des Abdomens ist das erste länger als die zwei folgenden zusammengenommen. Die Furcaäste sind fast zweimal so lang wie breit [1]. Von den Endborsten ist die zweitinnere die längste und zwar $1\frac{1}{3}$ so lang wie das ganze Abdomen. Dornen und Härchen fehlen gänzlich auf demselben.

Die vorderen Antennen sind etwas variabol in ihrer Länge und reichen bisweilen nur zum Hinterrand der Cephalothorax, bisweilen aber bis zum zweiten Abdominal-Segmente. Die beiden Antennen sind gleich lang. Ihre Länge ist 0,74 m. m.

Das fünfte Fusspaar (Taf. X, Fig. 9) ist gebaut wie

---

[1] Giesbrecht (l. c. p. 147) sagt wohl dass die Furca nur $1\frac{1}{2}$ Mal so lang wie breit ist, aber seine Taf. III, Fig. 20 zeigt doch eine etwas grössere Länge.

82

bei *Dias longiremis*, nur ist das zweite Glied etwas dicker und die Borste desselben nicht geknickt. Dorne und Haare auf den Borsten habe ich hier ebensowenig wie bei *Dias longiremis* finden können.

♂ **Grösse** 0,86 m. m.

Das Abdomen (Taf. X, Fig. 7) ist glatt und ohne Härchen. Die Furcaäste sind viel breiter als bei dem Weibchen. Ihre Länge verhält zur Breite wie 7 : 5$^{1}/_{2}$. Von den Endborsten ist die zweitinnere die Längste und etwas mehr als 1$^{1}/_{3}$ so lang wie das Abdomen. **Die vorderen Antennen** (Taf. IX, Fig. 10) des Männchens sind etwas kürzer als bei dem Weibchen. **Das fünfte Fusspaar** (Taf. IX, Fig. 8) ist wie bei *Dias longiremis* gebaut. Der eine Dorn auf dem Endgliede des linken Fusses ist aufgetrieben und wie ein selbständiges Glied gebildet[1]); der andere Dorn ist an der Basis breit.

Fundort. Wurde im finnischen Meerbusen bei Helsingfors, in der Ostsee zwischen Åland und Finland und im bottnischen Meerbusen bis Töjby (nach S. von Qvarken) gefunden.

Fundzeit. Kommt wenigstens so lange das Meer eisfrei ist vor. Ich habe diese Art bei Helsingfors von April bis December gefischt.

[1]) Hierin uterscheidet sich die nordbaltische Form von der von Giesbrecht beschriebenen. Vielleicht ist dieser Dorn ein rudimentäres viertes Glied? Auf dem rechten Fusse unterscheidet sich das dritte Glied von Giesbrechts Abbildung und nähert sich *Dias discaudatus*.

Verzeichniss der Litteratur, die mir zugänglich war.

W. *Baird:* Natural History of the British Entomostraca. Ray Society 1850.

Axel Boeck: Oversigt over de ved Norges Kyster iagtagne Copepoder. Vidensk.-Selsk. Forhandl. Christiania. 1864.

M. Braun: Physikalische und biologische Untersuchungen im westlichen Theile des finnischen Meerbusens (Arch. f. Naturk. Liv., Ehst- u. Kurlands Ser. II, B. X. Lief. 1. (Dorpat 1884).

—— Faunistische Untersuchungen in der Bucht von Wismar (S.-A. aus Arch. d. Frde der Naturgesch. in Mecklenb. Jahrg. 42, 1888).

A. H. Cajander: Bidrag till kännedomen om sydvestra Finlands krustaceer (Not. Sällsk. pro Fauna et Flora fennica förh. X. 1869).

C. Claus: Die freilebenden Copepoden. Leipzig 1863.

—— Ueber die Gattungen Temora und Temorella nebst den zugehörigen Arten (Sitzungsber. d. k. Akad. d. Wissensch. Wien. LXXXIII Bd. 1 Abth.). 1881.

S. Fischer: Beiträge zur Kenntniss der in der Umgegend von St. Petersburg sich findenden Cyklopiden (Bull. de la Soc. Imp. des Natural. de Moscou. 1853).

S. A. Forbes: The lake as a Microcosm (Bull. Peoria Sci. Association. 1887).

Wilh. Giesbrecht: Die freilebenden Copepoden der Kieler Foehrde (VII. Bericht d. Comm. z. wiss. Untersuch. d. deutsch. Meere in Kiel 1881).

О. А. Гриммъ: Къ познанію фауны, Балтійскаго моря и исторіи ея возникновенія. St. Petersburg 1877.

August Gruber: Über zwei Süsswasser-Calaniden. Leipzig 1878.

Jules de Guerne: Description du Centropages Grimaldii copépode nouveau du golfe de Finlande (Bull. de la Soc. zool. de France 1886).

——— Sur les genres **Ectinosoma** Boeck et **Podon** Lilljeborg, à propos de deux entomostracés (**Ectinosoma atlanticum** G. S. Brady et Robertson, et **Podon minutus** G. O. Sars) trouvés à la corogue dans l'estomac des sardines (Extr. du Bull. d. l. Société zoolog. de France, t. XII, 1887).

O. E. Imhof: Über die „blassen Kolben" an den vorderen Antennen der Süsswasser-Calaniden (Zool. Auz. 1885).

——— Studien über die Fauna hochalpiner Seen insbesondere des Kantons Graubünden (Jahresber. d. Naturf. Gesellsch. Graubündens, Jahrg. XXX) 1887.

К. Кесслеръ: Матеріалы для познанія Онежскаго озера и обонежскаго края. С.-Петербургъ 1868.

C. Koelbel: Carcinologisches (Sitzungsber. d. K. Akad. d. Wissensch. Math.-Naturw. classe. XC. B. I Abth. Jahrg. 1884. Wien 1885).

Wilh. Lilljeborg: De crustaceis ex ordinibus tribus: Cladocera, Ostracoda et Copepoda in Scania occurrentibus. Lund 1853.

——— Beskrifning öfver två arter Crustaceer af ordningarne Ostracoda och Copepoda (Öfv. K. Vet.-Ak. Förh. 1862).

——— Collection of chiefly freshwater crustacea from Sweden (Great International Fisheries Exhibition, London 1883. Division 50).

Lindström: Bidrag till kännedomen om Östersjöns Invertebratfauna (Öfv. af K. Vet.-Ak. Förh. 1855).

K. Möbius. Die wirbellosen Thiere der Ostsee (Jahresber. d. Comm. z. wiss. Unters. d. deutschen Meere in Kiel für das Jahr 1871. 1 Jahrg.). Berlin 1873.

——— Nachtrag zu dem im Jahre 1873 erschienenen Verzeichniss der wirbellosen Thiere der Ostsee (Jahresber. etc. VII bis XI Jahrgang. I. Abth. Berlin 1882).

O. F. Müller: Entomostraca seu Insecta testacea quae in aquis Daniae et Norvegiae reperit. 1785.

Osc. Nordqvist: Bidrag till kännedomen om Crustacéfaunan i några af mellersta Finlands sjöar (Acta Soc. pro Fauna et Flora fennica, T. III. N:o 2).

Osc. Nordqvist: Bidrag till kännedomen om Ladoga sjös crustacéfanna (Meddel. af Soc. pro Fauna et Flora fennica, 14: 1887).

—— Die pelagische und Tiefsee-Fauna der grösseren finnischen Seen (Zoolog. Anzeiger 1887).

S. A. Poppe: Die freilebenden Copepoden des Jadebusens I. (Abhandl. d. naturwiss. Vereins zu Bremen. IX B. 1885).

—— Ein neuer Diaptomus aus dem Hirschberger Thal (Zeitschr. f. wiss. Zoologie 43. B. 1886).

—— Beschreibung einiger neuer Entomostraken aus norddeutschen Seen (Zeitschr. für wiss. Zoologie XLV B. 1887).

G. Pouchet et *J. de Guerne:* Sur la faune pélagique de la mer Baltique et du golfe de Finlande (Compt. rend. Acad. Sc. 1885).

J. Richard: Entomostracés nouveaux ou peu connus (Extrait du Bulletin de la Société Zool. de France, t. XIII, 1888).

G. O. Sars: Oversigt af de indenlandske Ferskvands copepoder (Forh. i Vidensk.-Selsk. i Christiania 1862).

—— Beretning om en i sommaren 1862 foretagen zoologisk Reise i Christiania och Trondhjems Stifter (Nyt Magazin f. Naturvidensk. XII B. Christiania 1863).

—— Beretning om en i Sommeren 1863 foretagen zoologisk Reise i Christiania Stift. (Nyt Magaz. f. Naturwid. XIII B. Christiania 1864).

A. Wierzejski: O krajowych skorupiakach z rodziny Calanidae (S.-A. aus T. XVI. Rozpraw i Sprawozdań Wydzia łu matem.-przyr. Akad. Umiej. Kraków. 1887).

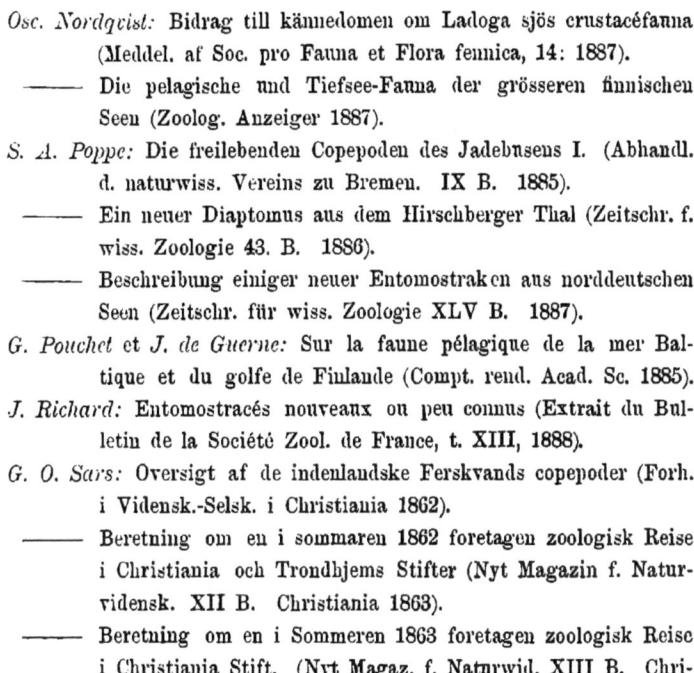

Inhaltsverzeichniss.

Berichtigungen und Zusätze.

Seite 6. Zeile 13 von oben steht:
verwechselt, statt: vermengt.
„ 7, „ 2 „ unten steht:
vog D. nracilis, statt: von D. gracilis.

In der Zahl der Abdominalsegmente ist die Furca immer mitgerechnet.

Tafel I.

Centropages hamatus.

Fig. 1. ♀. 90 ×.

„ 2. ♂. 90 ×.

„ 3. Erstes Abdominalsegment nebst dem Haken des letzten Brustsegmentes (♀) von der rechten Seite gesehen. 375 ×.

„ 4. Hinterer Kieferfuss (♀). 375 ×.

„ 5. Abdomen des ♂ von oben. 150 ×.

„ 6. Linker fünfter Fuss des ♂. 375 ×.

„ 7. Rechter fünfter Fuss des ♂. 375 ×.

„ 8. Fünfter Fuss des ♀. 375 ×.

Limnocalanus macrurus.

„ 9. Hinterer Kieferfuss. 180 ×.

„ 10. Hintere Antenne. 180 ×.

„ 11. Fünfter Fuss des ♀. 180 ×.

Tafel II.

Limnocalanus macrurus.

Fig. 1. ♀ von der Seite. 90 ×.

„ 2. Abdomen des ♂ von oben. 150 ×.

„ 3. Rechte vordere Antenne des ♂. 180 ×.

„ 4. Vordere Antenne des ♀. 180 ×.

„ 5 Vorderer Kieferfuss des ♂. 160 ×.

———◆———

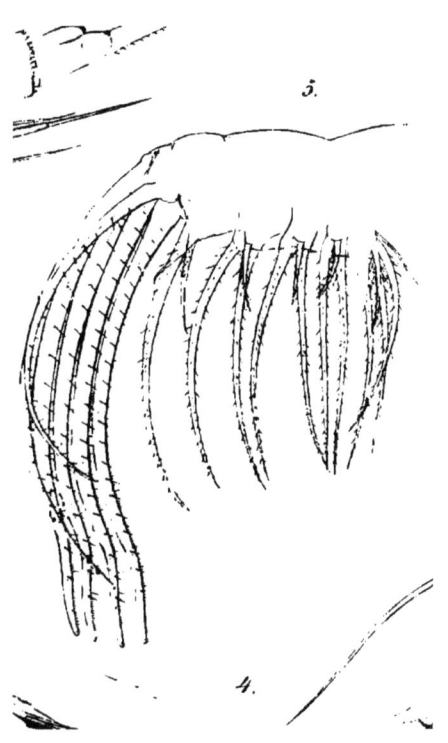

5.

4.

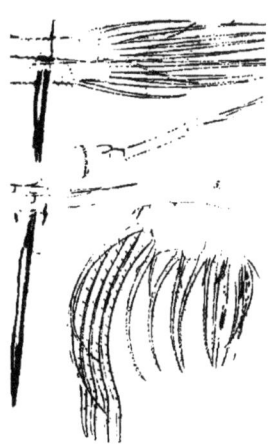

Tafel III.

Limnocalanus macrurus.

Fig. 1. Mandibel des ♀. 375 ×.

„ 2. Maxille des ♀. 375 ×.

„ 3. Dritter Schwimmfuss des ♀. 150 ×.

„ 4. Fünftes Fusspaar des ♂. 180 ×.

Clausia elongata.

„ 5. Junges ♀ von der Seite. 90 ×.

Temora longicornis.

„ 6. Erster Schwimmfuss des ♀. 375 ×.

„ 7. Linker fünfter Fuss des ♂. 375 ×.

„ 8. Rechter fünfter Fuss des ♂. 375 ×.

„ 9. Rechte vordere Antenne des ♂. 375 ×.

2.

1.

4.

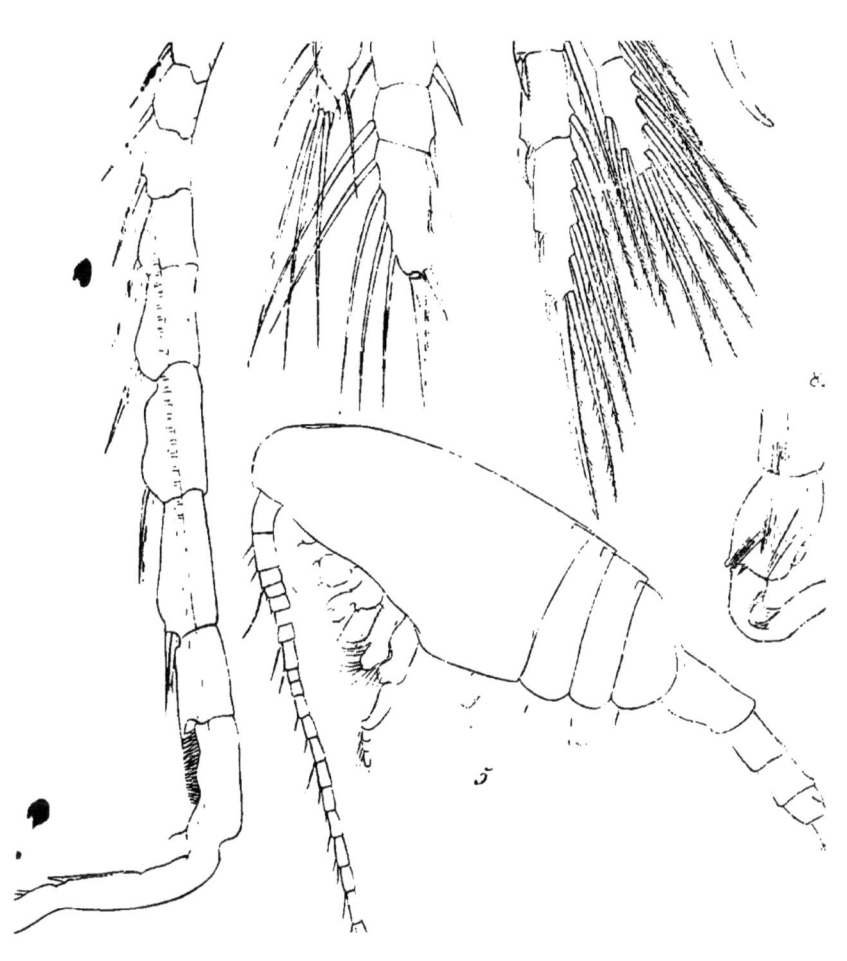

5

Tafel IV.

Temora longicornis.

Fig. 1. ♀ von oben. 90 ×.

„ 2. ♂ von oben. 90 ×.

„ 3. Abdomen des ♂ von oben. 375 ×.

„ 4. Fünfter Fuss des ♀. 375 ×.

Temorella affinis v. hirundoides.

„ 5. ♀ von oben. 90 ×.

„ 6. Das erste Abdominalsegment schräg von unten. 375 ×.

„ 7. Abdomen des ♀ von oben. 375 ×.

„ 8. Der hinterer Theil des Cephalothorax und das Abomen des ♀ von oben. 150 ×.

„ 9. Das letzte Thoracal- und erste Abdominalsegment des ♀ von der Seite. 375 ×.

„ 10. Der hintere Theil des Cephalothorax mit einem fünften Fusse (♀) von der Seite. 375 ×.

„ 11. Der hintere Theil des Cephalothorax des ♀ von der Seite. 375 ×.

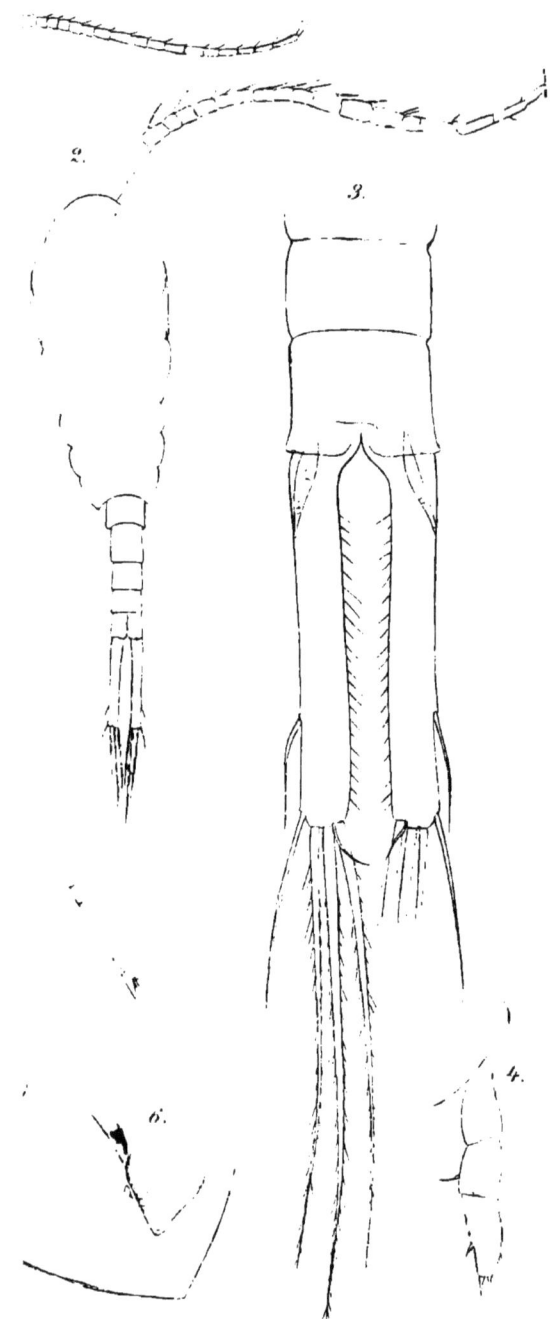

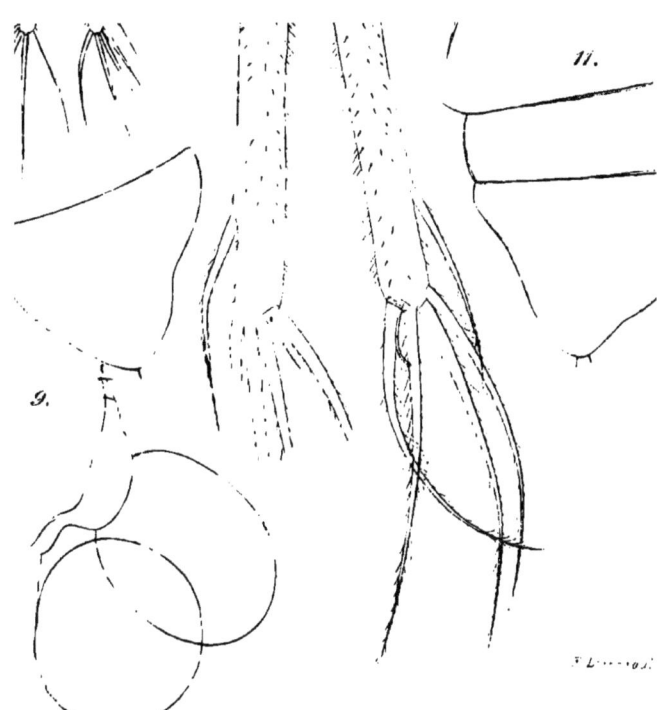

Tafel V.

Fig. 1. Abdomen und das letzte Brustsegment von **Temorella affinis** v. **hispida** ♀. 150 ×.

„ 2. Der hintere Theil des Cephalothorax und das erste Abdominalsegment von **Temorella lacustris** ♀. 150 ×.

„ 3. Das erste Abdominalsegment von T. **lacustris** ♀ von unten. 180 ×.

„ 4. Das fünfte Fusspaar von T. **lacustris** ♀. 375 ×.

„ 5. Das fünfte Fusspaar von T. **affinis** v. **hirundoides** ♂. 375 ×.

„ 6. Der linke, fünfte Fuss von T. **affinis** v. **hispida** ♂. 375 ×.

„ 7. Der rechte, fünfte Fuss derselben. 375 ×.

„ 8. Das fünfte Fusspaar von T. **Clausii** ♂. 375 ×.

„ 9. Das fünfte Fusspaar von T. **lacustris** ♂. 375 ×.

„ 10. Das letzte Brustsegment von T. **affinis** v. **hispida** ♀ von der Seite. 150 ×.

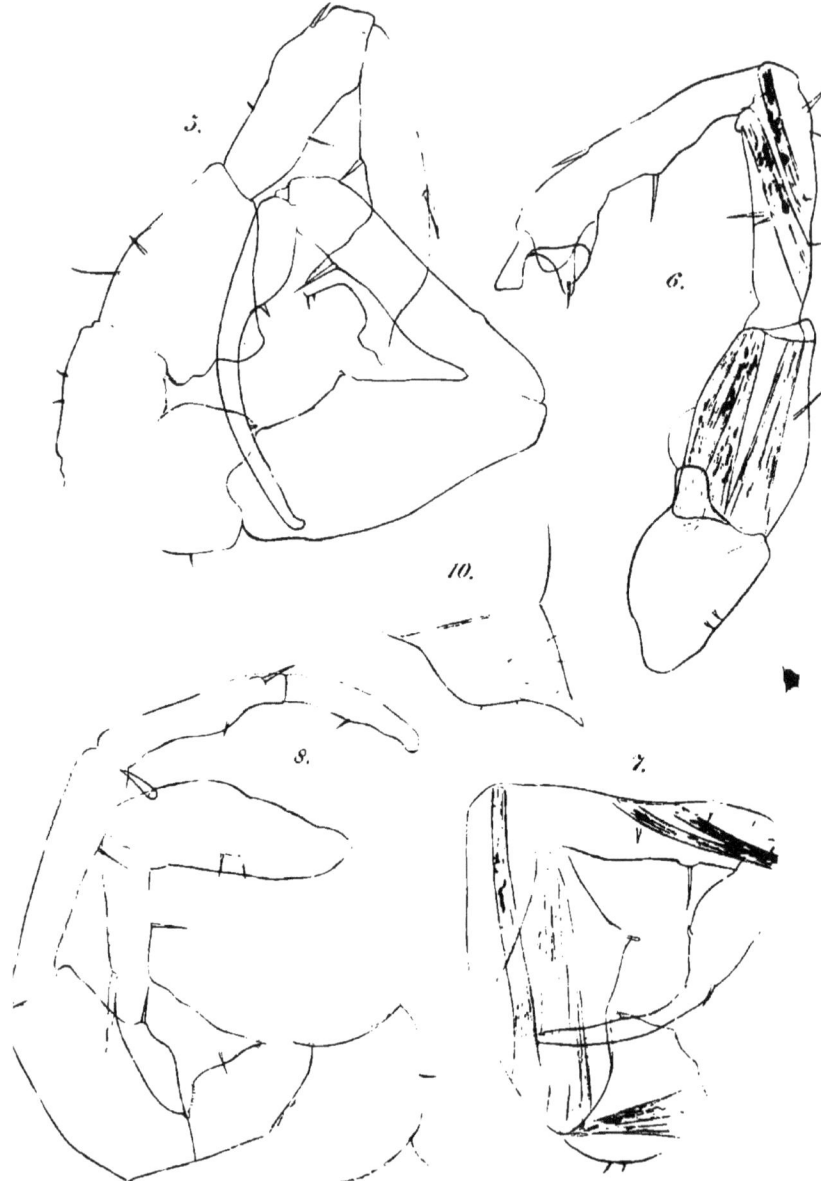

Tafel VI.

Temorella lacustris.

Fig. 1. ♀. 150 ×.

„ 2. Rechte vordere Antenne des ♂. 150 ×.

Temorella affinis v. hirundoides.

„ 3. Rechte vordere Antenne des ♂. 150 ×.

Temorella affinis v. hispida.

4. Rechte vordere Antenne des ♂. 160 ×.

„ 5. Fünfter Fuss des ♀. 375 ×.

Temorella Clausii.

„ 6. Der hintere Theil des Cephalothorax, ein fünfter Fuss und das Abdomen des ♀, von der Seite gesehen. 180 ×.

„ 7. Der hintere Theil des männlichen Abdomens von oben. 375 ×.

„ 8. Linker fünfter Fuss während und gleich nach der Copulation gezeichnet. Ein Spermatophor war am Innenrande des letzten Segmentes, dicht über der Spitze befestigt. C. 450 ×.

.

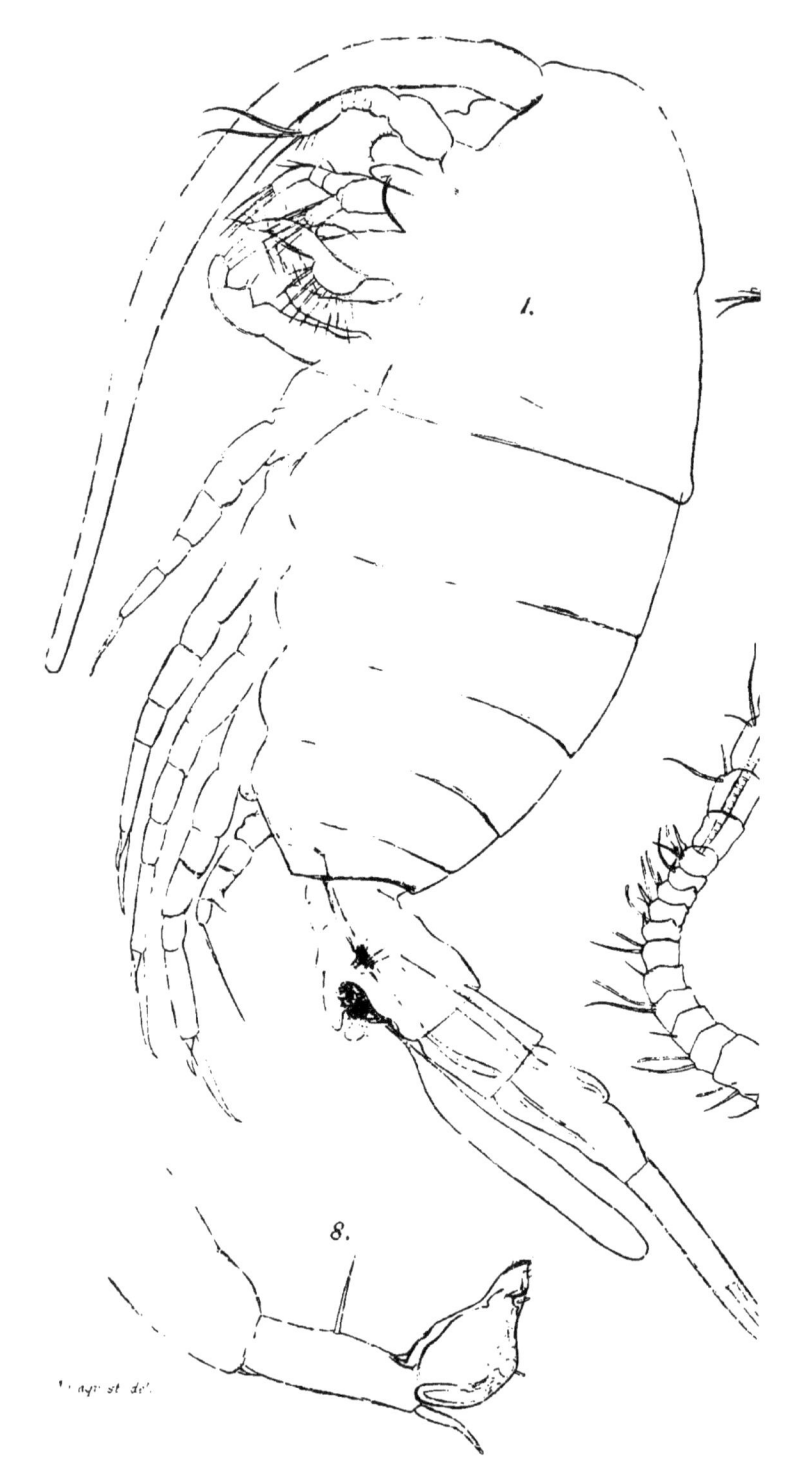

1.

8.

2.

6.

3.

4.

5.

P Sternstad's trycke

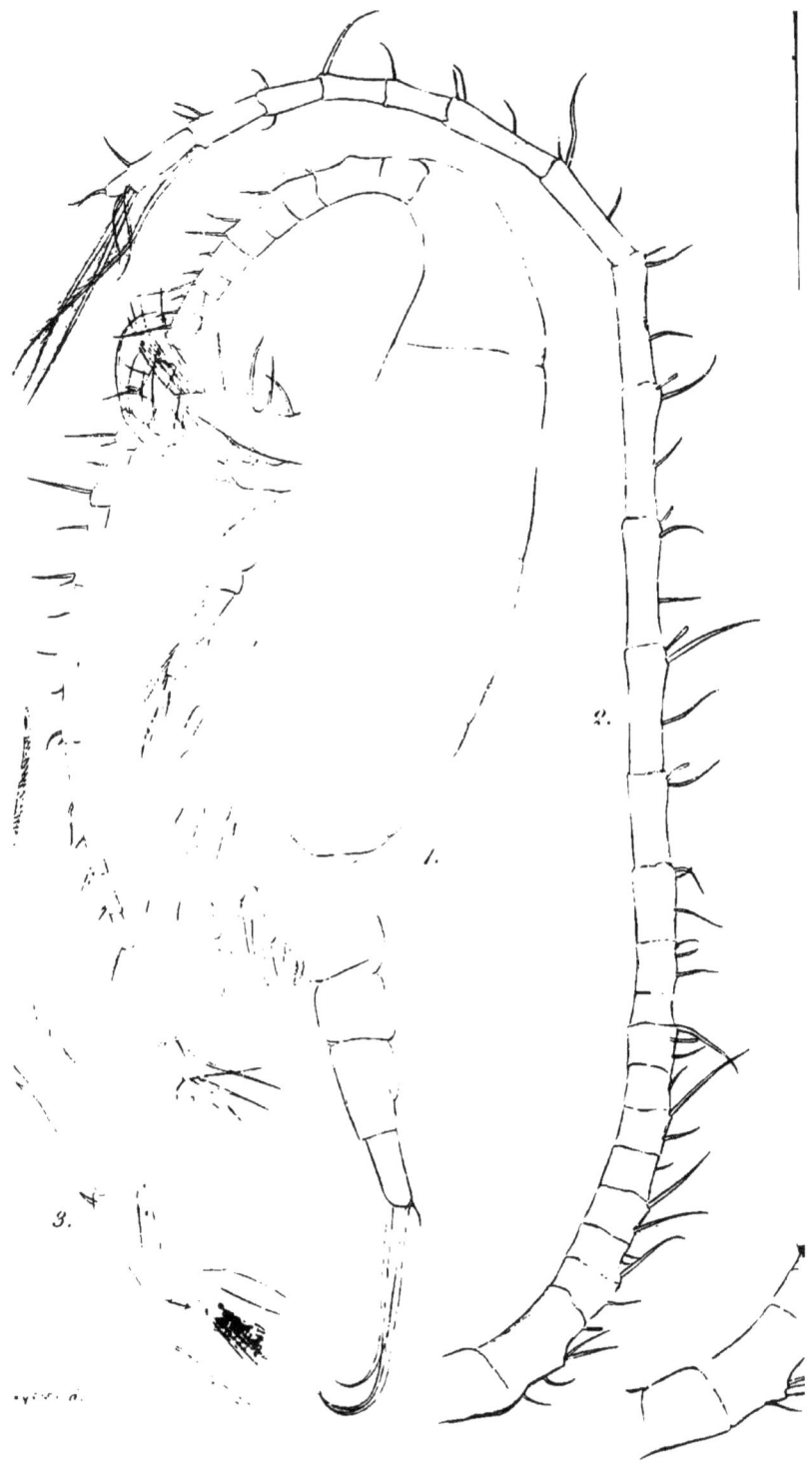

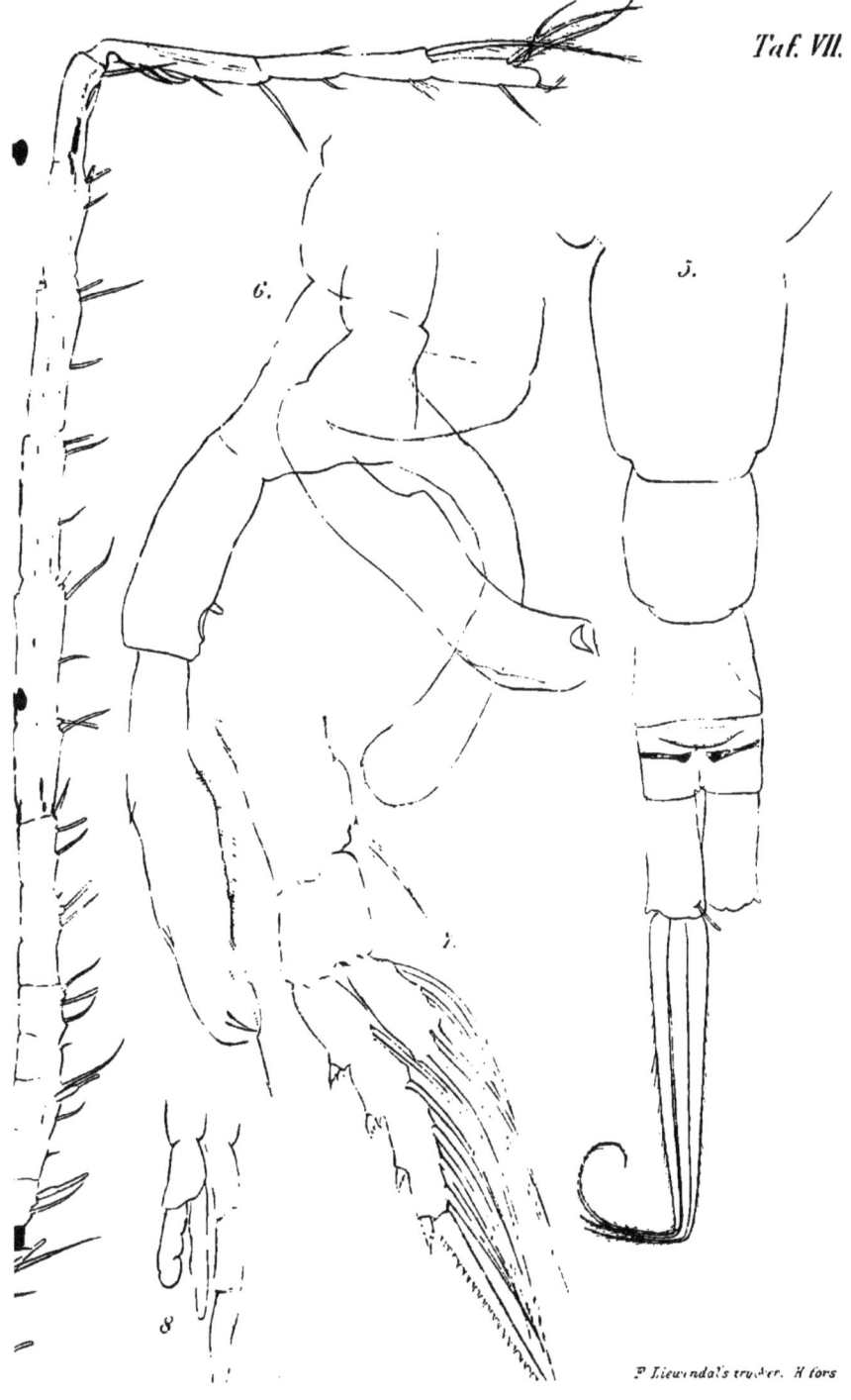

Taf. VII.

6.

5.

7.

8.

P. Lieuindal's tryker. K tors

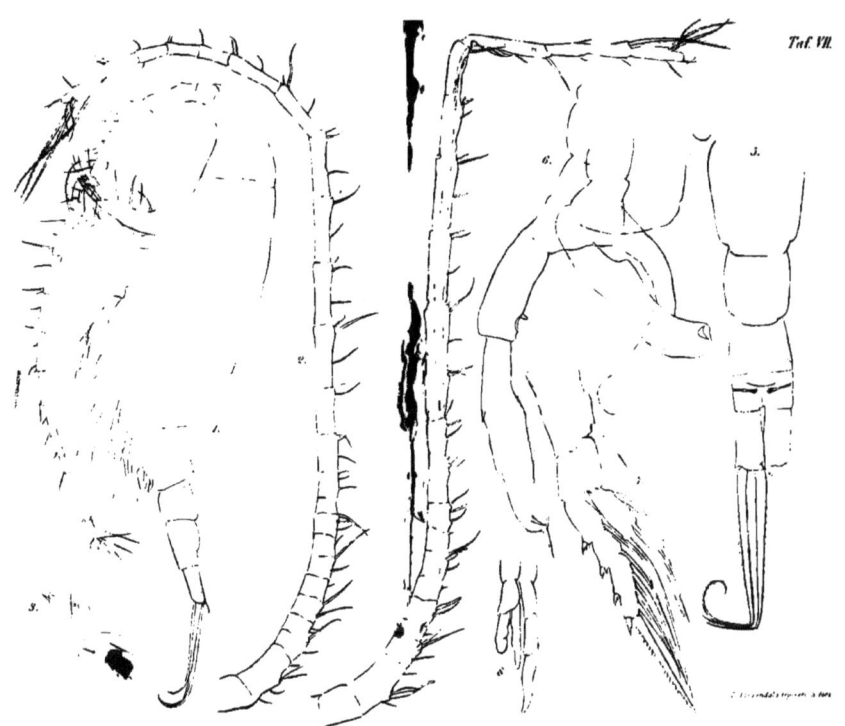

Tafel VIII.

Heterocope saliens.

Fig. 1. ♀ von der Seite. 90 ×.

„ 2. Abdomen des ♀ von der Seite. 150 ×.

„ 3. Fünftes Fusspaar des ♂. 180 ×.

„ 4. Fünfter Fuss des ♀. 160 ×.

„ 5. Erstes abdominalsegment von unten. 150 ×.

Heterocope appendiculata.

„ 6. Erstes abdominalsegment von unten. 150 ×.

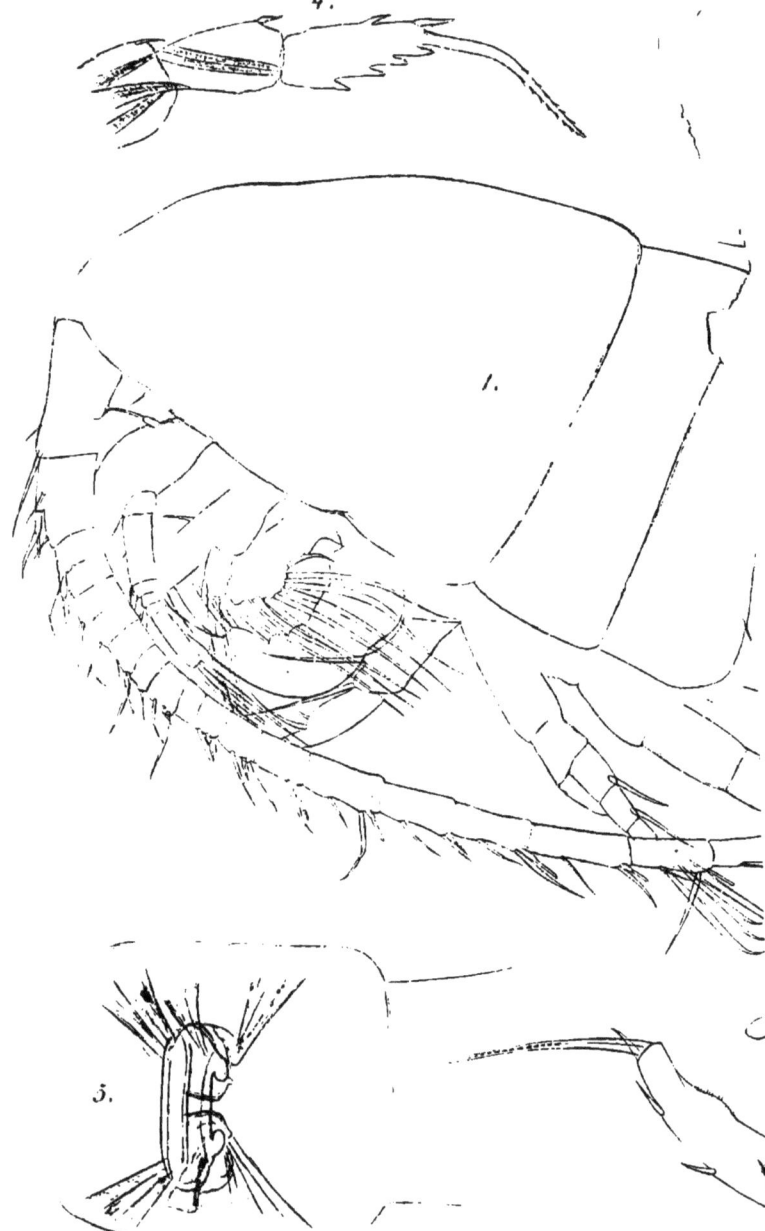

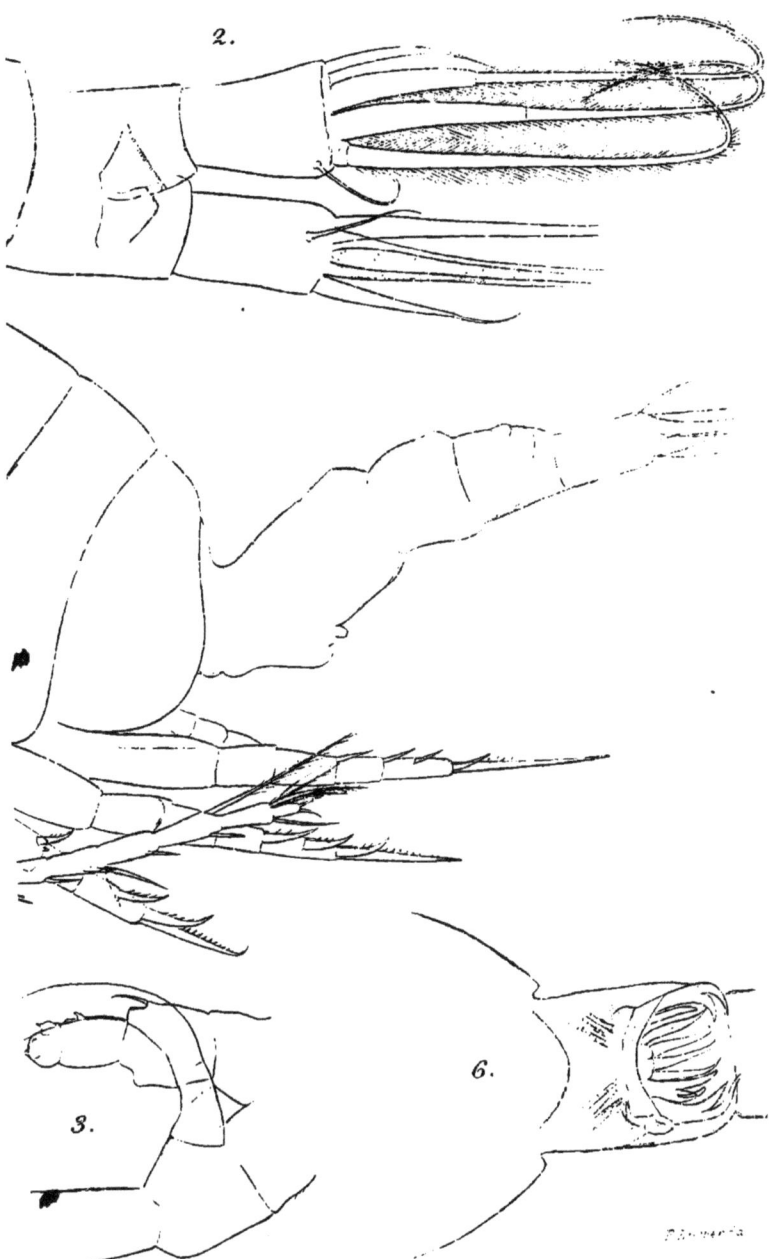

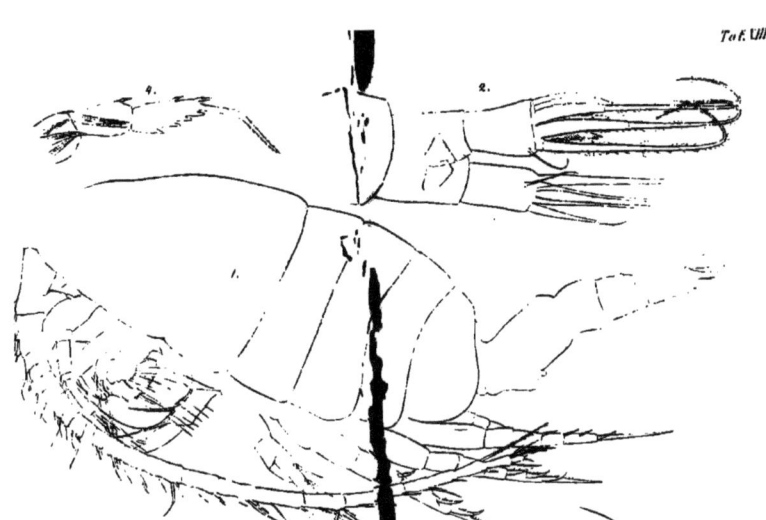

Tafel IX.

Diaptomus gracilis.

Fig. 1. ♀ von der Seite. 60 ×.

„ 2. Abdomen des ♀ von der rechten Seite. 150 ×.

„ 3. Vordere Antenne des ♀. 150 ×.

„ 4. Fünfter Fuss des ♀. 375 ×.

5. Abdomen, hinterer Theil des Cephalothorax und rechter fünfter Fuss des ♂ von der linken Seite. Von dem linken Fuss ist nur das Basalglied gezeichnet. 150 ×.

„ 6. Rechte, vordere Antenne des ♂. 180 ×.

„ 7. Fünftes Fusspaar des ♂. 375 ×..

Dias bifilosus.

„ 8. Die Kieferfüsse des ♂. 375 ×.

„ 9. Erster Schwimmfuss des ♀. 375 ×.

„ 10. Rechte vordere Antenne des ♂. 150 ×.

Dias longiremis.

„ 11. Vordere Antenne des ♀. 160 ×.

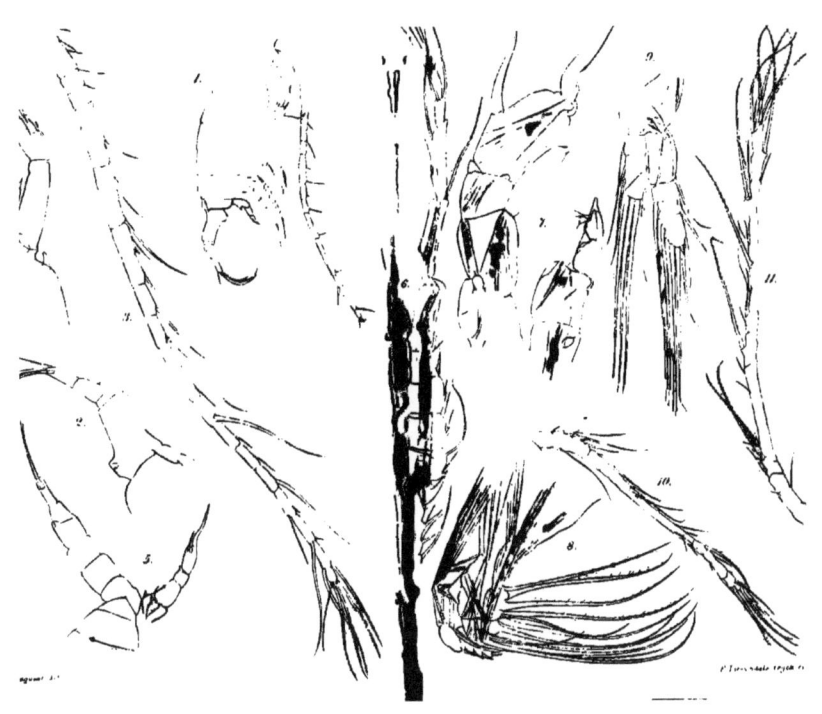

Tafel X.

Dias longiremis.

Fig. 1. ♀ von der Seite. 90 ×.
„ 2. Abdomen des ♀ von oben. 375 ×.
3. Abdomen des ♂ von oben. 375 ×.
„ 4. Rechte vordere Antenne des ♂. 150 ×.
„ 5. Fünftes Fusspaar des ♂. 375 ×.

Dias bifilosus.

„ 6. ♀ von der Seite. 90 ×.
„ 7. Abdomen des ♂ von oben. 375 ×.
„ 8. Fünftes Fusspaar des ♂. 375 ×.
„ 9. Fünfter Fuss des ♀. 375 ×.

Dias longiremis.

„ 10. Fünfter Fuss des ♀. 375 ×.

O. Nordgaard ad.

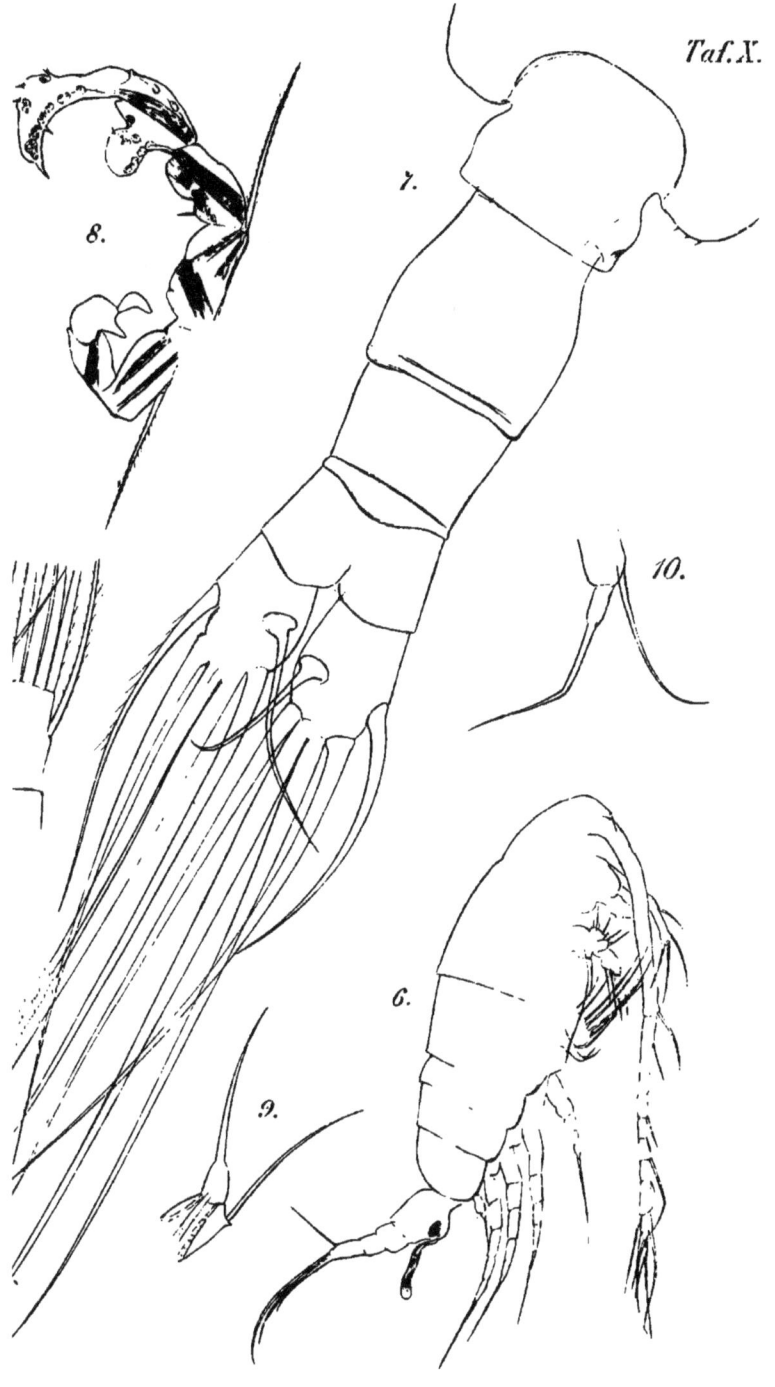